KB221075

같이 걷자, 우리

글 함께 그림 갈맹이

나의 작은 덕친 나래에게

힘들 때 위로가 되어주었던 그 사람의 노래를

너와 함께 좋아할 수 있어서 엄마는 너무 행복해.

이 마음을 잊지 않으려고 적어둔 글을 네가 좋아해 주고,

다른 이야기들도 더 많이 써달라고 했을 때,

엄마는 다짐했어.

너에게 책을 선물해 줘야겠다고.

아이와 같은 사람을 좋아하고,

좋아하는 마음을 공유하고,

같은 노래를 들으려 이어폰을 나눠 끼고,

공연에 함께 갈 수 있다는 게

얼마나 행복한 일인지 사람들에게 알려주고 싶어.

딸아.

엄마의 마음을 이해해줘서,

그 마음을 함께해 줘서 너무 고마워.

앞으로도 이렇게 우리 서로 이해하며

오랫동안 함께 걸어가자.

사랑한다, 내 딸.

이제 초등학교 4학년인 둘째 딸이 저와 같은 가수를 좋아하게 된 지 벌써 2년이 다 되어가요. 그의 노래 중에 유독 '너의 내일로부터'를 좋아하길래 이 노래를 왜 좋아하냐고 했더니 "위로가 되는 것 같아."라고 하네요. 초등학교 4학년 아이가 위로라는 말의 뜻을 얼마나 잘 알고 있을까 싶지만, 제 생일에 아이가 써주었던 편지를 읽고 저는 많은 위로를 받았답니다. 누군가를 위로할 수 있는 따뜻한 마음을 가지고 있다는 것이 그 단어의 뜻을 알고 있는 것보다 더 중요한 거 아닐까 싶어요. 이런 사랑스러운 아이가 제 딸로 태어나주어서 너무도 감사하고 행복합니다.

딸과 함께 덕질하는 게 얼마나 즐거운지 말해주고 싶어서 글을 쓰기 시작했어요. 우리는 그의 노래 가사가 왜 좋은지에 대해 서로의 감상을 나누고. 노래방에서 그의 신곡을 함께 불러요. 손잡고 공연장에 들어가 신나게 공연을 즐기고. 집에 돌아오는 길에 제일 기억나는 무대에 대해 열변을 토하며 이야기 해요.

덕질 문화에 대한 안좋은 인식을 갖고 계신 부모님들께 아이들이 왜 연예인에 열광하게 되는지. 그 시작이 무엇이고 아이들의 마음을 어루만져주는 것들이 무엇인지 보여주고 싶었어요. 아이가 좋아하는 가수의 노래를 함께 들으며 왜 그를 좋아하게 되었는지 물어봐주세요. 아이는 세상에서 가장 행복한 표정으로 이야기해 줄 거예요.

저처럼 우울에 잠식되어 있다가 그를 좋아하기 시작하면서 삶의 기쁨을 찾게 된 많은 분들과 마음을 공유하고 싶기도 했어요. 덕친분들과 그를 좋아하게 된 사연에 대해 이야기를 나누던 날, 같은 마음을 가진 그분들의 순수한 눈빛과 소녀같은 표정을 보며 기분이 몽글몽글해지는 경험을 하게 되었거든요. '나도 좋아하는 마음에 대한 얘기를 할 때 저렇게 행복해보이겠구나' 싶어서요. 그를 좋아하시는 분들이 저의 글을 읽는 동안 추억을 떠올리며 한 번쯤 미소지을 수 있다면, 더없이 기쁠 것 같아요.

이 책에는 유독 직접 인용이 많아요. 독자분들께서 그의 말과 글을 있는 그대로 접하며 제가 느꼈던 감정들을 함께 느끼시길 바라요. 물론 목소리까지 같이 듣는다면 금상첨화이겠지만요.

그가 했던 이야기, 그가 썼던 가사를 필사하며 그 안에 담긴 의미에 대해 생각하다가 어느새 자연스레 감상을 적고 있는 저를 발견하곤 해요. 글을 쓰는 직업인 사람도 아니고, 잘 쓰는 재주가 있는 것도 아닌 제가 그의 이야기를 통해 이렇게 꾸준히 무언가를 쓰고 있어요. 우연히 이 책을 읽게 된, 아직 그의 팬이 아닌 누군가에게도 그의 깊은 생각과 따뜻한 마음이 전해지길, 혹시 어둠 속에 있다면 그의 이야기들로 위안을 얻게 되길 바라요.

2023년 9월

함께

차례

관계의 숲

덕질의 숲

등 뒤에서 우는 사람과 등 진 채로 같이 울었다.
그러자 뒷모습과 뒷모습 사이에서 꽃이 피었다.

마음의 숲

어둠, 그리고 입덕

2019년, 뇌경색으로 쓰러지신 아버님의 병세가 점점 악화되었다. 아버님을 간호하느라 남편은 가정을 온전히 돌보지 못했다. 혼자서 너무 많은 것들을 짊어지고 지내야 했던 상황에서 나는 외로움에 고립되었고, 폭식과 음주를 반복하며 스스로를 혹사시켰다. 그런 내게 벌이라도 내리듯 담석증이 생겼다. 등과 배가 찢어질 것 같은 통증이 밤새 이어지곤 했다. 출산의 고통은 아이를 낳으면 멈춰지는 것이었지만 담석증으로 인한 고통은 언제 멈출지 알 수가 없었다. 통증을 도저히 참을 수 없었던 그날도 남편은 아버님이 계신 병원에 있었다. 아이들 둘만 두고 병원에 가기가 망설여져서 새벽 4시까지 고통을 참다가 결국 첫째를 흔들어 깨웠다.

"엄마가 너무 아파서 병원에 가야 할 것 같아. 금방 다녀올 테니까 엄마 찾지 말고 동생이랑 잘 기다리고 있어."

초등학교 3학년이었던 첫째에게 일곱 살짜리 둘째를 부탁하고는 혼자 택시를 불렀다. 응급실에서 주사와 링거를 맞고 1시간이 지나서야 겨우 통증이 멎었다. 아이들 때문에 참았던 눈물이 주르륵 흘러내렸다. 남편 대신 응급실에 달려오신 아빠를 부은 눈으로 마주할 수가 없어서 눈이 부시다는 핑계를 대며 옷소매로 눈을 가렸다.

몇 달 후 수술을 하고 담석증은 치료되었지만 이듬해 1월, 또다시 디스크로 허리를 쓸 수 없는 상태가 되었다. 병원에서는 시술 후 휴식이 필요하다고 했지만 학교에서 누구도 맡지 않으려던 업무를 담당하고 있어서 휴직은 불가능했다. 독한 약을 먹으며 업무를 버텨냈다. 집에 돌아오면 약 기운에 쓰러져 자거나 누워있어야 했고, 방치된 아이들을 보며 죄책감에 시달렸다. 엄마로서, 한 사람으로서 나는 한없이 무기력해져만 갔고, 자존감은 바닥까지 무너져 내렸다.

매일 저녁 통증을 잊기 위해 눈을 감고 음악에 집중하는 시간이 많아졌다. 그때 우연히 유튜브에서 듣게 되었던 '보통의 하루'는 속이 썩어들어가면서도 아무렇지 않은 척, 아무 일도 없는 척 지내고 있던 그 당시의 내 모습을 직면하게 했다.

"나 말야, 무너지고 있는 것 같아

겨우 지켜내왔던 많은 시간들이 사라질까 두려워

뚝뚝 떨어지는 눈물을 막아 또 아무렇지 않은 척

너에게 인사를 건네고 그렇게 오늘도 하루를 시작해"

– 정승환, 보통의 하루 (2018)

온몸에 감정을 가득 담아 부르는 그의 노래를 듣고 있자니 마치 노래 속에 내가 들어가 있는 것 같은 기분이 들었다. 이대로 지내다간 정말로 모든 게 다 사라질 것만 같았다.

'정신 차려야 해. 나는 엄마니까…'

울고 있던 나를 달래주는 두 딸이 눈에 들어왔다. 바닥을 치고 일어나야 했다.

사람들 사이에 있을 때는 사회생활용 가면을 통해 밝은 사람으로 보였지만 혼자 있을 땐 우울감이 극에 달했다. 누구에게도 마음을 솔직하게 얘기하기가 쉽지 않았다.

15년이 넘는 세월 동안 난 교사가 천직이라고 생각했고, 마음을 나눌 곳이 없어 외로운 아이가 없게 하자고 다짐하며 교사로서의 소명 의식을 가지고 살아왔다. 사랑과 열정만으로 뭐든 다 해낼 수 있을 거라고 믿었던 내게 현실의 벽은 너무도 높았다. 아이들을 위해 남들이 하지 않은 새로운 일들에 도전할 때마다 왜 시키지도 않은 일을 벌여서 주변 사람들을 귀찮게 하느냐는 따가운 시선이 돌아왔다. 마음이 맞는 사람이라고 믿었던 사람에게 뒷담화를 듣기도 했다. 시간이 쌓일수록 믿음을 저버리는 사람들을 자꾸 접하게 되자 소명 의식은 마음속에서 점점 설 자리를 잃어갔다.

단 일주일이라도 혼자 어디로든 도망가서 마음의 상처를 보듬고 싶다는 생각이 간절해진 순간, 내게 온 노래가 있었다. 그가 커버한 선우정아의 '도망가자'였다. 미처 어디로도 도망갈 수 없던 나를 조심스레 도닥여 주던 그 노래를 들으며 눈물을 펑펑 쏟았다. 밤새도록 듣고 또 들었다. '비긴어게인 코리아' 마지막 회에서도 부른 그 노래는 나뿐만 아니라 다른 많은 사람들에게도 위안과 위로가 되어주었다.

그 길로 그의 팬카페에 가입하고 난생처음 덕질이란 것을 하게 되었다. 팬카페 게시판을 구석구석 살펴보다가 '음악의 숲[1]'이라는 라디오 프로그램의 디제이를 했다는 사실을

1 · 2018년 4월 8일부터 2020년 5월 10일까지 103.5 러브FM에서 방송했던 심야 라디오. 정승환이 DJ였고 '숲디'라는 애칭으로 불렸다.

알고 첫 방송부터 차근차근 다시 듣기를 시작했다. 그는 고민을 털어놓는 사연자들에게 늘 따뜻한 위로를 전했고, 종종 자신의 이야기를 덤덤하고 솔직하게 꺼내기도 했다.

"내가 어두웠을 때 내가 사랑하는 누군가를, 누군가 사랑하는 사람의 빛을 볼 수도 있는 거구나. 그 덕분에 나의 어둠이 조금씩 내몰리기도 하고, 나의 어둠을 발견하기도 하고, 그 빛이 더 소중해지기도 하고 그런 순간들. (중략) 그래서 혹시라도 음악의 숲을 듣고 계시는 여러분들 중에 누군가가 굉장히 어두워서, 그래서 그 어둠이 싫고 힘들고 괴로울 때 자신이 갖고 있는 어둠이 아주 나쁜 점만 있는 게 아니라는 걸 알았으면 하는 마음에서 이 노래를 나누려고 갖고 왔어요."

— 정승환, 음악의 숲 (2018.5.18.)

데미안 라이스의 노래 가사 중 'Is he dark enough, enough to see your light?[2]'를 듣고 이런 생각을 했다니. 자꾸만 어두워져가는 내 모습을 마주하기 힘들어하던 내게 어두워도 괜찮다고 이야기해 주는 것 같았다. (물론 난 그 말 덕분에 점점 더 밝아질 수 있었다)

가끔은 음악의 숲을 듣다가 지금껏 내가 살아오며 고민해

2 · Damien Rice – Accidental Babies 중에서.

왔던 여러 가지 일들에 대한 해결책을 얻기도 했다. 자신을 괴롭히는 사람을 어떻게 대해야 할지 고민이라는 사연에 그는 "긍휼히[3] 여기라"고 대답해 주었다. (이런 얘기를 들을 때마다 정말 인생 3회차 아닌가 싶다) 나를 괴롭히는 사람을 오히려 가엾게 여기라니. 처음엔 그게 가능한 일인가 싶었지만 그 뒤로 나를 힘들게 하던 사람을 긍휼히 여기자 마음이 정말 편안해졌다. 원래의 나였다면 그 사람을 미워하기 바빴을 텐데…

음악의 숲을 들으며 좋은 내용을 기록하고, 그가 읽고 소개해 준 시집과 에세이를 찾아 읽었다. 다른 사람을 대하는 방법을 고민하는 대신, 책을 읽으며 스스로를 돌아보는 시간을 더 많이 갖게 되었다.

그는 정랭보[4]라는 별명을 가질 만큼 많은 시를 썼다. 가끔 그가 인스타그램이나 팬카페에 보여주었던 자작시들을 모아 필사를 하며 그는 어떤 마음으로 시를 썼을까 생각했다. 미처 알지 못했던 내 모습과 숨기려고 했던 것들까지 그의 시를 읽고 쓰며 하나하나 꺼내보게 되었다.

3 불쌍하고 가엾게.
4 빛나는 재능으로 시대를 앞지르는 시를 썼던 프랑스의 현대 시인 아르튀르 랭보 (1854.10.20.~1891.11.10.)의 이름을 딴 별명.

"그럼에도 길이었다

자주 그걸 잊는다

여름이 가고 여름이 왔네 했다

겨울이 오고 겨울이었네 했다

등 뒤에서 우는 사람과 등 진 채로 같이 울었다

그러자 뒷모습과 뒷모습 사이에서 꽃이 피었다

뒷모습은 그걸 모른다 (중략)"

– 정승환, 등 뒤에서 울다 (2020)

"라디오를 진행하면서 여러분들과 만나는 것도 얼굴을 마주 보고 이야기하지 않잖아요. 그렇기 때문에 어쩌면 진지한 이야기를 더 많이 나눌 수 있는 것 같아서, 마주 보는 뒷모습이 가장 비밀스럽고 진지할 수도 있겠구나. 내가 모르는 나의 뒷모습을 너는 알 테니까. 마찬가지로 네가 모르는 너의 뒷모습을 나만 알 테니까. 그래서 같이 걸어가는 게 아닐까…"

– 정승환, 음악의 숲 (2020.4.10.)

사람들 앞에서는 아무렇지 않은 척했지만 뒤에서는 늘 혼자 울고 있던 나였다. "등 뒤에서 우는 사람과 등 진 채로 같이 울었다. 그러자 뒷모습과 뒷모습 사이에서 꽃이 피었다."라는 구절은 울고 있는 등 뒤에서 누군가 나도 모르는 내 진실한 모습을 알아주지 않을까 하는 희망적인 기대를 할 수 있게 했다.

그는 아무것도 알지 못한다고 하지만 밤과 새벽이 주는 고독을 즐길 줄 알며 그 안에서 맛볼 수 있는 어두움을 통찰해 낸다. 강과 바다의 울음소리와 새벽의 두드림을 들을 줄 알고, 달의 고독을 공감할 줄 안다. 삶의 허무함과 무기력함을 온 마음 가득 느끼면서도, 주변을 돌아볼 줄 알고 '우리'라는 말을 사랑한다. 어디선가 눈물 흘리고 있을 누군가를 다독이며 내일 피어날 꽃을 기다릴 줄 안다. 어쩌면 그는 혼자일 때의 외로움을 온몸으로 느끼고는 그 마음은 꽁꽁 감추고, 다른 이들은 그처럼 외롭지 않도록 손을 뻗어주려는 따뜻함으로 무장하고 있는지도 모른다.[5]

사계절을 사랑하고 사람 냄새를 좋아하는 그. 만들고 부르는 노래에도 여전히 그 마음이 가득 들어있으니 그의 노래를 듣고 어찌 마음이 동하지 않을 수 있을까.

---

5 이 문단은 그의 시들을 읽으며 느낀 나의 감상들이다.

마음 정리

핸드볼 경기장에서 열린 '2022 안녕 겨울' 단독 콘서트 (이후 단콘)에 다녀온 지 일주일이 지났을 때였다. 그해 단콘을 이틀 내내 함께했던 둘째는 나눔[6]이라는 덕질 문화에 푹 빠져서 트위터에 나눔 정보가 올라오는 족족 모든 나눔 굿즈[7]들을 다 받아왔다. 그 많은 나눔 굿즈들은 정리할 새도 없이 책상 위에 널브러져 있었다. 주말에는 책상을 한 번 정리해야겠다고 생각하며 책상과 책장을 멍하니 보다가 먼지가 조금 쌓여있는 입덕[8] 수기집을 발견했다.

인생의 막다른 골목에서 만난 위로의 목소리로 덕질의 길을 걷게 되었다. 입덕 후 그에게 고마운 마음을 전하고 싶어서 2주에 한 번씩 꾸준히 손편지를 소속사로 보냈다.

---

6 공연이 있을 때마다 팬들이 자신이 만든 굿즈들을 서로 나누어 가지는 문화.
7 보통은 연예인이나 특정 브랜드의 마케팅을 위해 출시하는 기획 상품들이나 팬클럽과 관련된 제품들을 뜻함. 여기서는 팬들이 나눔을 위해 직접 제작한 포토카드나 엽서, 스티커 등의 소소한 것들을 일컫는 말.
8 어떤 분야나 사람을 열정적으로 좋아하기 시작함.

편지를 쓰다가 문득 다른 사람들은 어떻게 입덕하게 되었는지가 궁금해졌다. 팬카페에서 입덕 수기집을 만들고 싶다는 이야기를 꺼냈고, 열일곱 명의 사람들을 모을 수 있었다. 사람들은 각자의 사연을 담아 입덕 수기를 보내주었다. 수기집을 편집하면서 꼼꼼하게 읽었던 수기들에는 어느 정도 공통점이 있었다. 삶에 지쳐서 누군가의 위로가 절실히 필요할 때 그의 목소리가 마음에 울림이 되었다는 것이었다.

"시간이 걸려도 그대 반드시 행복해지세요."
– 정승환, 눈사람 (2018)

그의 목소리는 우리 모두에게 그동안 고생 많았다고, 행복해지라고 이야기하고 있었다. 입덕 수기를 보내준 사람들과 단톡방을 만들었다. 그전까지는 혼자서 편지 쓰고 음악 듣는 게 전부였다. 주변의 누군가에게 이제 와서 나보다 한참 어린 남자 가수를 덕질하게 되었다는 얘기를 쉽게 할 수 없었다. 사실 조금 부끄러웠다. 입덕 계기를 공유하지 않으면 덕질에 대한 공감대를 형성하기 어려울 것 같았다. 신기하게도 입덕 수기집 단톡방에 모인 사람들과는 얼굴 한 번 본 적 없었지만 편하게 마음을 이야기할 수 있었다. 중학교 2학년부터 50대까지 나이도 사는 곳도 하는 일도 모두 달랐지만 그를 향한 마음은 다들 한결같았다. 다른 곳에서 하지 못했던 이야기들을 그곳에서 마음껏 나누었다. 함께 덕질하는 사람들과 나눈 따뜻한 마음은 어디서도 느낄 수 없었던 참신한 위로였다. 누군가를 좋아하는 마음은 그 사람뿐 아니라 나까지도 행복하게 할 수 있다는 걸 다시금 깨달았다.

수기집을 만든 지 만 2년이 훌쩍 지난 지금. 그렇게 활발했던 단톡은 이제 조용해졌다. 탈덕[9]을 한 사람도 있었고, 어떤 사람과는 둘도 없는 덕친[10]이 되었다. 나머지 다수의 사람들은 오프(오프라인 모임이나 공연)에서 마주칠 때만 한 번씩 인사를 나누는 사이가 되었다. 그중 입덕 초기에 많이 의지했던 한 사람과는 오프에서 만나도 인사조차 할 수 없는 서먹한 사이가 되었다. 누구의 잘못도 아니었다. 그저 생각이 달랐을 뿐.

유독 나를 잘 따르는 고등학교 1학년 덕친도 있었다. 신곡 OST 'Belief'가 나오던 날, 공원에 돗자리 깔고 앉아 포토 카드(이후 포카)를 나눠주며 소소한 데이트도 했다. 해가 바뀌고 공부에 전념해야 하는 시기가 되자 자연스레 연락이

9 덕질을 그만 둠.
10 덕질을 함께하는 친구.

뜸해졌다. 그리고 어느 날, 모아둔 굿즈들을 모두 나에게 보내왔다. 그동안 고마웠다는 장문의 편지와 함께.

"사실 나는 말야 잘 되지가 않아

하나씩 놓아 보내는 일

오 영원하기 바랐던 시간들

손에 꼭 쥐면 떠나가지 않을 줄 알았어

매년 우린 변해가겠지만

아직 그대로인 어떤 추억에 난

고마워하고 있어"

– 정승환, 고마워하고 있어 (2022)

이 노래를 설명할 때 그는 지나간 사람들과 시간들에 대한 후회와 원망, 슬픔이나 그리움보다는 되려 고마워하고 다행스러워하는 마음들을 꾹꾹 눌러 담은 곡이라고 했다.

사람이 너무 좋아서 늘 관계에 대한 집착이 심했다. 좋아하는 사람이 생기면 바닥이 보이는 줄도 모르고 마음을 아낌없이 주었다. 관계가 틀어지면 바닥난 마음에 주저앉아 오래 울었다. '고마워하고 있어'의 노래 가사처럼 하나씩 놓아 보내는 일은 잘되지 않았다. 하지만 최근에는 관계를 원망하거나 슬퍼하지 않고 고마웠던 기억으로 남길 수 있게 되었다. 조금씩 '진짜 어른'이 되어가고 있는 걸까.

책상을 정리하는 것만큼 관계를 정리하는 게 쉽고 간단하면 얼마나 좋을까. 버릴 건 과감히 버리고, 소중한 것들은 때때로 꺼내볼 수 있게 한 켠에 잘 정리해 두고, 꺼내볼 때마다 그때의 추억을 아름답게 회상할 수 있도록. 이번 주말에는 정리 못 하고 쌓아둔 굿즈들을 둘째와 함께 스크랩북에 차곡차곡 정리해 봐야겠다. 굿즈를 보며 좋아하는 둘째와 굿즈 안에서 예쁘게 웃고 있는 그를 난 엄마 미소로 번갈아보며 행복해하겠지.

안녕

　흔하디흔한 '안녕'이라는 단어가 특별해진 건 역시 그의 노래 '안녕, 겨울'을 만나면서부터였다. 그는 유독 안녕이라는 단어와 연이 깊다. '안녕, 나의 우주', '안녕, 겨울', '안녕이란 말'과 같이 제목에 안녕이 들어간 곡이 많은 것 뿐 아니라, 매년 치러지는 그의 단독 콘서트 타이틀 또한 '안녕, 겨울'이다.

　'안녕, 겨울'은 그가 자작곡 중에 가장 긴 시간을 쏟았다고 얘기할 만큼 많은 애착을 갖고 있는 곡이다. 2년 넘게 진행했던 음악의 숲을 잠시 쉬어가기로 했던 날, (홈페이지에는 종영이라고 써 있지만, 나는 끝이 아니라고 믿는다. 숲도 마침표가 아닌 쉼표라고 했으니까) 이 노래를 마지막 곡으로 들려주며 "안녕이라는 말이 처음 인사 나눌 때 하는 말이기도 하고 보낼 때 하는 말이기도 하잖아요. 지금은 잠시 보내지만, 다시 이 안녕이라는 말로 또 여러분들 반갑게 서로 맞이

할 수 있는 시간이 꼭 찾아오기를 바라겠습니다."라고 마지막 인사를 했던 그였다. 나를 비롯하여 음악의 숲을 애정했던 팬들에게 '안녕, 겨울'은 다시 돌아올 숲디를 기다리는 의미를 지닌 특별한 곡이 되었다.

노래에 등장하는 '그대'가 누구인가에 따라 다양한 해석을 할 수 있는데, 나는 노래를 처음 듣자마자 겨울마다 떠나보내야 하는 제자들이 떠올랐다. 매년 11월이 되면 병처럼 맘이 아려온다. 늘 반복하는 일인데도 매번 똑같이, 몇 달 남지 않은 이별에 대한 아픔을 미리 겪는다. 연말마다 텅 비어버리는 마음을 감당하기가 버거워서 '내년에는 아이들에게 마음을 적당히 줘야지'하고 생각하면서도 학기 초가 되면 있는 힘껏, 마음을 활짝 열어 버린다. 이렇게 생겨먹은 걸 어쩌나. 이런 나를 인정하고 아픈 마음도 처음처럼 받아들여야지.

그렇게 겨울은 늘 아쉬움과 그리움을 남긴다. 헤어짐의 여운은 3월까지 이어진다. 봄이 되어도 그리움의 냄새를 떨쳐내지 못하고 몸과 마음의 구석구석에 지니고 다닌다.

"매년 돌아오는 겨울인데
매년 다른 겨울인 것 같아요.

실은 그럴 만도 하죠.

매일 다른 하루인 걸 알면서도

우리는 매일 다른 하루인 걸 잊은 채

처음처럼 살아가고 있으니까요.

매번 다른 이별인 걸 알면서도

우리는 매번 다른 이별인 걸 잊어서

처음처럼 아프기도 한 걸 테니까요.

적고 보니 언뜻 슬프게도 느껴지지만

이런 묵묵한 슬픔 끝에 배우는 것이

떠나오고 보내주는 일 아닐까 해요.

그러니까 '안녕'은

서로의 등이 되는 돌아섬이 아니라

서로의 손이 되는 마주함이겠지요.

(중략)

그동안 나누지 못했던 이야기가

꽤 쌓였을 것을 더한 기쁨으로

다시 여기서 우리,

만나기를 바라요."

  – 정승환, 2021 정승환의 안녕 겨울 : 다시 여기, 우리 Teaser

(2021.11.12.)

코로나로 인해 2년 만에 열린 2021 안녕 겨울 콘서트. 티저 포스터와 함께 공개되었던 이 글이 저릿하게 와닿아서 몇 번을 반복해서 읽었다. 매년 콘서트가 끝나면 한동안은 공연에서 느꼈던 환희에 뒤따르는 공허함에 마음이 먹먹해지곤 한다. 그런 우리에게 그가 '안녕은 돌아섬이 아니라 마주함'이라고 한 건, 아마도 지나간 콘서트에 대한 그리움보다는 다가올 콘서트에 대한 설렘을 간직하고 기다리라는 얘기겠지. 그래서 그도 2021 콘서트가 끝나자마자 2022 콘서트를 1년 동안이나 준비한 게 아닐까?

매년 지나가 버릴 안녕에 아쉬워하고 슬퍼하기보다는, 안녕을 나누었던 많은 인연들과 그동안 나누지 못했던 이야기가 꽤 쌓였을 것을 더한 기쁨으로 다시 만나기를 바란다. 그리고 또다시 다가올 새로운 안녕을 기대하고 기쁘게 맞이해야겠지. 어쩜 이렇게 내 마음을 들여다보고 적은 것처럼 와닿는 건지. 내 이야기이지만 동시에 다른 사람의 이야기를 하는 노래를 부르고 싶다던 그는, 벌써 그 바람을 이룬 게 아닐까? 어쩌면 이미 예전부터 너무도 그래왔던(태생부터 그랬을 것 같은) 사람이어서 스스로가 깨닫지 못하고 있는 건지도 모르겠다.

숲 향

평일을 쉼 없이 달려 겨우 도착한 주말. 밀린 집 청소를 일찌감치 끝낸 뒤, 지하철로 한 시간 반 걸리는 혜화에 갔다. 박연준 시인님과 장석주 시인님이 함께 내신 책의 북토크를 반가운 마음으로 신청했다. 시인이 쓰는 산문집을 대체로 좋아하는데 그중 박연준 시인님의 글을 가장 사랑한다. 시인님의 글에서는 꽃 향이 난다. 글을 읽다보면 어느샌가 꽃 향을 맡을 때나 보일 법한 행복한 표정을 짓고 있는 나를 발견한다.

북토크를 하던 중 시인님에게 '시'라는 주제어가 주어졌다. 20대 때에는 '시가 나를 왜 이렇게 좋아하지?'라고 생각했는데 요즘은 내가 이렇게 시와 함께 가는 게 맞는 걸까 하는 생각이 든다는 이야기에 고개를 끄덕였다. 시는 쉽게 쓰여지는데 산문을 쓸 때는 무척이나 애를 써야 한다고, 사람들이 산문을 더 좋아하는 걸 보면 '시를 쓸 때도 애를 써야 하나'하는 생각이 든다고 했다.

나에게 '교사'라는 주제어가 주어지면 나는 어떻게 대답할 수 있을까? 아이들이 좋아서 교사가 된 나였으므로 그저 퇴임할 때까지 아이들과 함께하자고 다짐했다. 아이들과 대화의 눈높이를 맞추려 부단히 노력했고, 고민이 있는 아이가 있으면 아무리 늦은 시간이어도 메시지를 주고받으며 이야기를 들어주었다. 봄꽃이 만발하는 주말엔 아이들과 서울 대공원 나들이를 갔고, 학교 축제 땐 공연을 함께했다. 내가 온 마음을 다해 사랑하는 만큼 아이들은 나를 좋아해 주었다. 그땐, 그게 당연하다고 생각했다.

시간이 지나고 마흔이 넘어가자 그런 내 모습을 부담스러워하거나 의아하게 생각하는 아이들이 생겼다. 물론 그런 모습을 여전히 좋아하는 아이들도 있지만 점점 아이들과의 벽이 생기는 걸 느낄 때가 많았다. 아이들은 젊은 선생님을 좋아했다.

아이들에게 선한 영향력을 끼칠 수 있는 어른이 되고 싶었고, 언제든 스스럼없이 다가와서 편하게 마음을 털어놓을 수 있는 사람이길 원했다. 하지만 학교라는 사회집단은 기본적인 규율을 지켜야 하는 곳이고, 기본을 지키지 않는 아이들은 엄하게 꾸짖어서 지킬 수 있도록 만들어 주는 것도 나의 역할이었다. 그 두 가지를 적절하게 혼용하는 것이 나에게는 가장 어려운 일이었다. 아이들을 보듬어 주는 쪽이 커지면 주변 교사들의 손가락질을 참아내야 했고, 학교 규율을 가르치는 쪽이 커지면 아이들은 마음을 닫고 내게 등을 돌려버렸다. 마음에 상처가 있는, 그래서 내가 손을 뻗어 보듬어줘야 하는 아이들은 대부분 기본적인 규율을 잘 지키지 않아서 지적을 받아야하는 아이들이었다. 다른 교사들의 비난을 감수해 가며 아이를 보듬어 주려 했을 때 그런 내 마음을 이용하고 배신하는 경우도 다분했다.

시간이 흐를수록 사랑하는 마음만으로 안되는 게 있다는 걸 조금씩 알게 됐다. 내가 이렇게 교사를 계속하는 게 맞는 걸까 싶을 때가 많았다. 교직을 시작할 때 가졌던 마음가짐과 생각들은 점점 지키지 못할 다짐들이 되어가고 있었다.

아이들에게 주는 마음이 조금씩 지치기도 했고 계속 이렇게 사랑을 줄 수 있을까 나 자신을 의심하기도 했다. 그럴 때마다 나를 일으켜 세워주는 이야기가 있다.

"20대 때의 쌤도 충분히 멋지고 예쁘시지만 전 지금의 쌤이 더 좋습니다."

20대 때의 장점이 사라진 나를 보지 말고 지금의 장점을 보는 내가 되었으면 좋겠다고. 할 수 있을까에 대해 의심하지 말고 할 수 있다고 자신 있게 얘기해도 된다고. 15년도 더 지난 제자 녀석들이 아직까지 워너비라고 얘기하는 선생님은 내가 유일하다고. 2005년에 만난 첫 제자다. 이런 조언을 듣는 교사라니. 참, 제자 하나 끝내주게 잘 키웠다.

방안에 꽃 향이 진동한다. 열심히 살았던 어제의 나에게 프리지어 한 다발을 선물했었다. 꽃병을 가져다 두지 않았던 그제의 내방은 숲 향으로 가득했다. 언젠가 그가 음악의 숲에서 방에 향초를 켜 두는 걸 좋아한다고 얘기했던 그날부터 향초를 사기 시작했다. 여러가지 향이 있지만 쉽게 질리지 않고 마음이 편안해지는 숲 향이 제일 좋았다. 그런 사람이고 싶다. 곁에 두면 편안한, 오래 함께하고 싶은 사람.

20대 때의 내가 장미 향이었다면, 지금의 나는 숲 향이었으면 좋겠다. 아이들을 사랑하는 마음이 시들지 않도록, 화려하지 않지만 나무와 바람을 조용히 품을 수 있는 숲을 닮아가길 바란다.

셋째 아들 이야기

"제 워너비이자 숲이 되어가고 계신 유일한 선생님!"

사랑하는 첫 제자 S에게 갑자기 톡이 왔다. 쓰고 있던 글 중에 S가 등장한 '숲 향'이라는 제목의 글을 보내주었더니 나를 숲이라고 부르는 센스만점인 아이다. (아이라고 하기엔 이제 나이가 너무 많아졌다) 2005년 내가 첫 발령이 나던 해, 그 아이가 중학교 2학년이던 시절 처음 만난 아이였으니 벌써 인연이 19년째 이어지고 있다.

그 해 우리 반에서 가장 말썽을 많이 부리던 3인방이 있었다. 벌을 주어야 할 사건이 생겨서 방과 후에 남기고, 힘쓰는 일을 잔뜩 시켰다. (그 시기의 남자아이들은 넘치는 힘을 주체 못 해 싸우거나 사고 치는 경향이 많다) 끝나고 보니 점검이 필요 없을 정도로 너무 일을 잘해놓았길래 상담과 격려차 밥이라도 먹여 보내자 싶어 근처 피자집에 갔다. 자연스럽게 상담을 하기에 식당만큼 좋은 장소가 없었다. 아이들은 맛있는 걸 먹으면 무장 해제되어 두루마리 휴지 풀리듯 자신의 얘기를 술술 풀어내곤 했다.

"나는 마트에 들렀다가 집에 갈 테니까 다른 데 가지 말고 곧장 집으로 가."

"저희도 마트 갈래요. 이 시간에 시식코너 한 바퀴 돌고 가주는 게 예의예요."

"배도 안 부르냐?"

"밥 배랑 간식 배는 따로 있습니다."

녀석들은 마트에 따라와 내 뒤를 졸졸 쫓아다니더니 캬라멜을 가리키며 이렇게 말했다.

"엄마! 나 이거 사줘!"

옆에 있던 시식코너 아주머니께서 눈이 휘둥그레지셨다.

"어머, 이렇게 큰 아들이 있어요?"

"아니에요. 애네들 우리 반 애들인데 장난치는 거예요."

"에휴…. 저희 엄마가 어렸을 때 사고를 치셔서요. 밖에 나오면 엄마라고 하지 말래요."

안쓰러운 눈빛으로 실감 나게 연기하던 그 녀석을 아주머니께서 정말로 믿지는 않으셨겠지만 부끄러움은 나의 몫이었다. 그런 아이들을 재밌어하시던 아주머니를 뒤로하고 어쩔 수 없이 캬라멜을 사서 들려보냈다. 다음날부터 녀석들은 종종 나를 엄마라고 불렀고, 나도 아들이라고 불러주었다.

나를 숲이라고 불러준 S는 그 중 셋째 아들(순번은 단순히 생일 순)이었는데, 머리가 좋아서 시험 2주 전부터 방과후에 붙잡아 놓고 공부를 시키면 평균이 10점씩 올랐다. 졸업 후, 스승의 날에 전화해서 '스승의 은혜'를 불러주거나 우리 반 아이들에게 줄 피자10판을 들고 학교에 찾아오기도 했다. 교사로서의 자존감이 바닥을 치고 있던 시기에는 내가 S의 인생에서 얼마나 큰 사람인지 구구절절 설명하며 몇 번이고 고맙다는 말을 해주었고, 집 근처로 캠핑 갈 때 불멍이나 같이하자고 부르면 기꺼이 1++ 소고기를 사 와서 손수 육회를 만들어 주는 사랑스러운 녀석이었다. 최근에는 함께 술 한 잔하며 진지하게 고민을 들어 줄 만큼 다 큰 어른이 되어있었다.

"오늘은 아부지가 낚시로 자연산 우럭을 잡아 오셔서 한잔하려고 소주잔을 꺼냈는데…" 하며 함께 보낸 사진 속에는 S의 이름을 넣어 선물한 소주잔이 있었다. 항상 감사하고 사랑한다며 내 환갑잔치를 자기가 해주겠단다. 아들 역할 톡톡히 하네.

어린 나이에 참 많은 시련을 겪어온 아이였다. 내가 여전히 S의 곁에서 삶의 주름을 함께 느끼고, 작은 위로가 될 수 있음이 새삼 감사하다는 생각이 든다. 소중한 인연이다. S가 정말 환갑잔치까지 해주려나. 그때도 여전히 인연의 끈은 튼튼하게 이어져 있기를.

누군가에게 진심을 전달하고 싶다면
제가 진심이면 되는 것 같아요.

'끊임없이 계속 꿈을 꾸는 사람이 되고 싶다'가
꿈인 것 같습니다.

성장의 숲

시집 입문

어렸을 때부터 책을 좋아했다. 넉넉지 않았던 가정환경 때문에 초등학교 시절에는 옆집에 살던 어린 동생을 봐주고 그 집에 있던 셜록 홈즈 전집을 빌려다 읽었다. 그때는 지금처럼 공공 도서관 시설이 잘 되어 있지 않았고 대신 도서 대여점에서 300원이나 500원씩을 주고 책을 빌려다 읽을 수 있었다. 명절에 할머니 댁에 갈 때는 할머니 댁 근처에 있던 도서 대여점에서 책을 두세 권씩 빌려다 놓고 전 부치는 기름 냄새를 맡아가며 골방에서 책을 읽곤 했다. 93년 출간되었던 '무궁화꽃이 피었습니다'는 그 시절 나에게 엄청난 충격을 가져다준 소설이었다. 그 소설을 접한 이후로 김진명 작가의 신간이 나오면 도서 대여점에 책이 들어오기가 무섭게 대여해다가 새벽까지 상하권을 순식간에 읽어 치웠다.

고등학교 시절에는 태백산맥이라는 소설에 꽂혀서 수업 시간 교과서 아래에 소설책을 놓고 몰래 읽었다. 친구들은 로맨스 소설을 좋아했던 것 같다. 철저히 ESTJ 인간이었던 나는(나이가 드니 ISFJ로 바뀌었지만) 읽고 나서 남는 게 없는 로맨스 소설을 왜 읽는지 도통 이해할 수가 없었다. 그런 이유로 친구들의 감정을 읽는 능력이 좀 부족했던 것 같기도 하다. 고등학교 때까지 소설에 한정되어 있던 독서 취향은 성인이 되자 자기 계발서로 스펙트럼이 조금 넓어졌다. 결혼하고 나서는 육아 서적을 읽으며 말 그대로 '책으로 아이를 키워보자'는 허황된 시도를 하기도 했다. 나이가 들수록 삶은 팍팍해졌고, 책과는 점점 거리가 멀어졌다.

그렇게 책을 좋아하던 나도 '시'라는 장르는 그다지 좋아하지 않았다. 너무 뜬구름 잡는 이야기 같았다. 대하소설과 역사소설, 실용 서적들만 고집했으니 시를 멀게 느낀 건 어쩌면 당연했다. 그런데 그가 쓴 시는 좀 달랐다. 어떤 생각을 하고 어떤 글을 좋아하면 이런 시를 쓸 수 있을까 너무 궁금했다.

그는 음악의 숲을 진행하며 종종 시인들만의 시선과 표현력을 부러워했고, 시인에 대한 경외심을 내비치곤 했다. SNS 개인 계정에 심보선 시인님의 시집을 올리며 흐뭇해하던 피드에는 시인님에 대한 사랑이 가득 담겨있었다. 그런 그의 성향은 음악의 숲에서 시인과 작가님들을 모시고 이야기를 나누는 '음악의 숲 초대석' 코너를 통해 여실히 드러났다. 심보선 시인님을 음악의 숲에 모셨을 때는 좋아서 어쩔 줄 몰라 내내 들떠있던 목소리에서 표정이 그려졌다.

음악의 숲에는 숲디가 시나 에세이 등을 읽어주는 '숲을 걷다 문득', '밤의 산책자들'이라는 코너가 있었다. 그냥 읽기만 했을 때는 느끼지 못했던 감동이 그의 목소리로 들려왔을 때 비로소 마음에 닿곤 했다. 박연준 시인님이 음악의 숲에서 언급했던 "시가 책 속에서 기다리고 있다고 생각해요. 소리가 되어지길."이라는 말이 공감되는 시간들이었다.

그가 시를 통해 느낀 감정을 나도 경험해 보고 싶었다. '슬픔이 없는 십오 초'를 비롯한 심보선 시인님의 모든 시집을 사고, '잘 지내요'라는 곡의 작사에 영감을 준 김소연 시인님의 시집, '한 사람이 있는 정오'라는 시가 담겨있는 안미옥 시인님의 시집도 샀다. 하지만 읽으면 읽을수록 시는 점점 더 어려웠다. 박연준 시인님은 '쓰는 기분'이라는 책에서 이렇게 말했다.

"낯선 시를 접할 때마다 새로운 장르의 음악을 접한다고 생각해 주세요. 시인들의 언어는 저마다 다른 언어라 어렵게 느껴질 수 있습니

다. (중략)

그러니 읽을 때 이해에 초점을 두지 마세요. 시는 언제나 소리가 되고 싶어 하는 장르이므로 소리 내 읽어보고 '아, 소리가 좋다. 읽다 보니 왠지 마음이 아프네. 잘 모르겠는데, 알 것도 같아.' 이런 마음이 든다면 아주 좋습니다.

시의 독자는 악기를 연주하는 사람과 같아요. 연주하듯 읽어보시길 권합니다. 음악에서 연주자의 위치, 그게 시 독자의 위치입니다. 당신의 의지, 당신의 목소리를 통해야만 시는 얼굴을 보여줍니다. 언어를 연주해 주세요."

– 박연준, 쓰는 기분 (2021)

시와 음악이 같은 장르라고 생각하면 좀 더 쉽게 읽을 수 있을 것 같았다. '시집 전체를 이해하려고 하기보단 그중에 마음에 들어오는 몇 개의 문장이 있으면 된다'고 했던 그의 이야기, '시에서 한 줄은 전부'라고 했던 박연준 시인님의 이야기도 시에 한 발짝 더 가까워질 수 있도록 도와주었다. 시집 속의 어떤 한 줄이 내 마음에 큰 울림으로 다가왔다면 그걸로 그 시집은 제 역할을 다한 게 아닐까?

2021년 생일 다음 날, 그는 스토리에 시 한 편을 올렸다. 천상병 시인님의 '편지'였다. '내일을 믿다가 20년!'이라는 구절을 강조하고 있었지만 나는 그 아래의 구절이 더 눈과 마음에 들어왔다.

"배부른 내가 그걸 잊을까 걱정이 되어서"

팬들이 준 사랑과 축하를 배부르게 듬뿍 받은 그가 지금의 고마움을 잊지 않겠다고 다짐하는 마음을 우리에게 보여주는 것 같았다. 다른 사람들은 같은 시를 읽고도 또 다른 부분에서 감흥을 느꼈다고 했다. 역시 시는 이해하는 게 아니라 마음으로 받아들이는 게 맞구나 싶다. 같은 사람을 보고도 사람마다 다르게 느끼는 것처럼 시도 마찬가지인 것 같다. 마음으로 느끼고 내가 좋아하게 된 부분을 선택적으로 받아들이는. 어떤 의미로 스토리에 올렸을까 생각하며 계속 읽다 보니 덕분에 시 한 편을 거의 외울 지경이었다.

어쩌면 그는 당신의 팬들이 다들 이런 상태가 될 거라는 거 알면서 그냥 툭 던져줬는지도 모른다. 같이 마음으로 느껴달라고. 그는 그런 사람이다. 생일선물 인증 대놓고 해주길 바라는 건 상상도 못 하는, 고맙다는 말도 이렇게 돌려 돌려 말하는. 그래서 더 좋다. 그런 사람이어서. (시 이야기로 시작해서 찬양으로 끝나는 의식의 흐름이란…) 이런 그의 생각에 가까워지고 싶어서 시라는 장르가 더 궁금해진다.

나를 알고 인정하기

일주일 전에 삐끗했던 발목이 아침부터 다시 아팠다. 명절 음식을 준비하느라 몇 시간 동안 서서 전을 부친 후유증인지 전날보다 더 욱신거렸다. PT 원장님께 메세지를 보냈더니 약 먹고 누워있으란다. 결국 시댁에 가기로 했던 시간을 좀 미루고 방에 들어와 남편이 쓰던 적외선 찜질기를 켰다. 마음이 불편해서 잠은 안 오고, 멀뚱거리며 누워있자니 손이 근질거려서 결국 ebook을 열었다. 삽화가 많아 읽기 쉬워 보이는 책을 골랐다. 읽기는 쉬웠지만 생각이 많아졌다.

"심리학 공부를 하면서 내가 알게 된게 뭔 줄 알아?

심리학은 정답을 찾아주는 게 아니라 정답이 없음을 배우는 거구나… 나를 고쳐서 잘 사는 법을 알려주는 게 아니라 나를 있는 그대로 인정하고 알아갈 수 있게 만드는 거구나…

에세이는 자신의 생각을 쓰는 책이잖아. 그 책을 쓴 사람은 그게 정답이어서가 아니라 자신이 그렇게 생각해서 쓴 것 뿐이야. 표준에 가깝고 성숙하고 극복하고 도덕적이고 보편적인 게 정답은 아닌 거야. 그저 내가 살아온 내 인생이 나의 정답인 거지."

– 이진이, 나만 괜찮으면 돼 내 인생 (2021)

2021년에 심리학 수업을 1년 동안 한 적이 있었다. 과연 나는 '나를 있는 그대로 인정하고 알아갈 수 있게 만드는 방법'을 알려줬을까? 아니다. 이 책에서도 그랬지. 정답이 없음을 배우는 거라고…

수학을 전공한 내가 심리학을 가르치기 위해서는 주말마다 대여섯 시간씩 공부하며 수업 준비를 해야 했다. 그렇게 열심히 공부했지만, 수업하면서도 내가 잘 가르치고 있는 게 맞는지 늘 의심스러웠다. 본질적인 문제까지 들어가지 못하고 그저 교과서로 수박 겉핥기를 하는 것 같은 기분을 떨쳐낼 수가 없었다. 그 이유가 여기에 있었다. 심리학은 나를 인정하는 데서부터 시작해야 한다는 걸 몰랐던 것이었다.

망치로 머리를 한 대 얻어맞은 기분으로 단번에 책을 끝까지 읽었다. 나를 인정하기 위해 뭘 어떻게 해야할까 고민하다가 또 다른 책을 펼쳤다. 언제든 다시 읽어도 좋은 책.

시를 쓰는 방법 중 한 가지

1. 생각하면 좋은 것의 목록을 작성해 보세요.

2. 생각하면 좋은 것의 목록 중, 나를 슬프게 하는 것 세 가지를 고르세요.

3. '좋음과 슬픔'이 같이 머무는 방을 상상하여, 글을 한 편 써보세요.

4. 글에서 '미치게 좋은 문장' 세 줄을 뽑아 밑줄 치세요.

5. 그 세 줄이 들어가는 시를 써보세요.

6. 쓴 시를 '미치게 좋을 때까지' 계속 고치세요.

– 박연준, 쓰는 기분 (2021)

그래. 생각하면 좋은 것의 목록을 작성해 보자. 그게 나를 알고 인정하는 첫걸음이 되지 않을까.

딸들의 웃음소리와 함께 부르는 노랫소리, 첫째 딸이 갓 구운 휘낭시에, 둘째 딸이 춤출 때 짓는 자신감 가득한 표정, 나를 향한 애정이 가득 담겨있는 손편지와 사랑한다는 말, 고사리 같은 손을 꼬옥 잡았을 때 느껴지는 온기, 숨소리까지 노래로 들리는 그의 라이브 영상, 마음을 안정시켜 주는 음악의 숲 다시 듣기, 그가 쓴 글과 그가 해준 위로의 말들, 침대 머리맡에서 읽히기를 기다리고 있는 책들, 좋은 글과 말을 오래 기억하게 해주는 딥펜 필사 노트, 우리 가족 모두 편식 없이 좋아하는 뼈해장국, 예가체프 원두를 바로 갈아서 내린 핸드드립 커피, 원하는 농도로 위스키를 넣고 레몬 한 조각을 띄운 하이볼, 가늘고 길게 조각내어 바삭하게 구워진 먹태, 타닥거리는 장작 소리와 별빛을 배경 삼은 불멍, 연애썰을 풀어놓을 때 반짝거리며 나를 바라보는 아이들의 눈빛, 수업 시간 3분 전 나를 마중 나온 수학부장과 조무래기들, 생일날 핑크색 A4용지에 아이들이 써준 롤링 페이퍼, 스승의 날 종이로 직접 만든 카네이션 꽃다발, 팬 카페에 적어둔 솔직한 이야기에 보내주시는 회원분들의 응원, 공연이 있을 때마다 두 손 가득 받아오게 되는 나눔 굿즈들…

나, 좋아하는 것들이 참 많구나.

나다운 모습

　팬카페 운영진의 가장 중요한 할 일 중 하나는 서포트이다. 기념일에 서포트를 하기 위해서는 한두 달 전부터 회의를 해야 한다. 서포트를 어떤 컨셉으로 할지에 대한 아이디어가 선행되어야 다음이 진행된다. 덕질을 하면서 다양한 직업의 사람들을 많이 만날 수 있었다. 직업과는 상관없이 자신이 잘 할 수 있는 분야에서 제시할 수 있는 여러 가지 의견을 듣는 것이 꽤 흥미로웠다. 모르는 누군가가 보기에 의미 없다고 느껴질 수도 있는 소재들 속에서 아이디어가 솟구쳤다.

　언젠가 그가 '스물다섯, 스물하나'라는 노래를 커버했던 방송에서 하얀 깃털이 배경에 흩날리는 장면이 연출되었다. 운영진들은 그 장면에서 다들 '천사의 날개'를 떠올렸다. 케이크에 날개를 달아주자는 의견이 나왔고, 생일 서포트 케이크에서 그는 날개를 달고 있었다. (요즘은 하고자 마음만 먹으면 안 되는 게 없다. 참 좋은 세상) 수많은 회의를 거쳐 데뷔 2000일에는 뮤직비디오의 한 장면을 그대로 연출한 슈가 케이크가, 데뷔 6주년 기념일에는 겨울 콘서트 컨셉 포스터 중 하나를 본따 만든 트리 케이크가 만들어졌다.

운영진 활동을 통해 개인적으로 많은 성장을 이루었다고 생각했다. 그러나 여러 가지 상황들로 인해 다수의 사람들이 운영진을 그만두게 되었다. 그 뒤 적은 인원으로 데뷔 기념일 서포트를 준비할 때는 엎친 데 덮친 격으로 소속사에서도 답변이 늦어져서 마음고생을 심하게 했다. 몇 주 동안 답변을 받지 못해도 내가 할 수 있는 거라곤 하염없이 기다리거나 메일을 다시 보내는 것뿐이었다. 매니저로서의 자존감은 점점 떨어졌고, 앞으로의 활동에도 자신감을 잃게 되었다. 지난 1년간 했던 많은 일들에 회의감이 느껴졌다. 위축되고 겁이 났다. 누군가에게 도움을 요청했다가 그 사람도 나처럼 힘들어질까 봐 누구에게도 도움을 요청하기가 어려웠다. 나는 결국 아무것도 하지 못하고 멈춰 서게 되었다. 나의 성장을 가로막고 있었던 사람은 바로 나 자신이었다.

"누군가에게 진심을 전달하고 싶다면 제가 진심이면 되는 것 같아요. 그걸 느끼고 받아들이는 건 그 사람의 몫이니까. '진심을 잘 전달해야지'라던가 '잘 전달이 됐을까?'보다는 제가 진심으로 부르면 그걸로 제가 할 일은 다했다는 생각. 그런 주의인 것 같아요. (중략) 갈수록 겁이 많아져서 저는 무모한 청춘을 좀 이어가고 싶어요. 끊임없이 무모하고, 끊임없이 넘어지고, 그래도 다시 일어나고 그런 청춘이었으면 좋겠다… '끊임없이 계속 꿈을 꾸는 사람이 되고 싶다'가 꿈인 것 같습니다."

– 정승환, 청춘콘썰트 마이크임팩트 인터뷰 (2022.2.7.)

어떤 일을 열심히 해놓고도 그 결과가 어떨지, 받아들이는 사람들이 어떤 생각을 할지 걱정하며 늘 전전긍긍했다. 인터뷰 내용을 듣고 보니 그럴 필요가 있었을까 싶다. 진심이었고 열심히 최선을 다했으면 그걸로 된 거였는데. 왜 그렇게 남의 눈치를 보느라, 그 사람들의 평가가 나쁘면 어쩌지 걱정하느라 헛된 감정 소비를 했는지. 나의 모습을 비판적으로 바라보느라 시간을 허비하는 대신, 좀 더 무모하게 도전하고, 넘어지더라도 계속 새로운 꿈을 꾸어야지. 그게 내가 바라는 진짜 내 모습이니까.

2023년을 시작하며, 움츠려 있던 마음을 담은 글을 팬카페에 올렸다. 운영진으로 활동한 기간이 짧아서 정보력이 부족했고, 서포트를 추진하는 과정에서도 늦어지는 일이 많아서 스스로를 원망하게 되었다는 이야기. 그럼에도 불구하고 아낌없이 응원을 보내주시는 많은 분들께 감사하는 마음을 전했다. 얼마 지나지 않아 댓글이 달리기 시작했다.

'마음으로 적극 응원하고 동참하겠습니다.'
'결코 매니저님과 스탭분들의 무능력 때문이 아닙니다. 그 자리에 오래 계셔주시기를…'
'최선을 다하고 계시고, 앞으로 더 잘 이끌어 가실 거라고 믿고 있어요.'

잔뜩 겁에 질려 웅크리고 있던 나를 위로해 준 많은 댓글들은 내가 다시 일어서서 앞으로 걸어갈 수 있게 도와주었다. 잘하고 있다고, 그 자리에 있어 줘서 고맙다고.

나를 응원해 주는 사람들이 훨씬 많다는 걸 알게 된 그날, 나답게 하자고 마음먹었다. 나다운 것이 무엇인지 정확히는 알 수 없지만 그저 내가 지금껏 살아오며 옳다고 느꼈던 것들을 실천하는 게 아닐까 싶다. 평소에는 누가 봐도 하루가 48시간인 것처럼 에너제틱하게 살지만, 힘들어지면 힘들다고 솔직하게 이야기하는 것. 그게 가장 나다운 것 같다.

가출

몇 년 전, '회춘'이라는 제목의 웹툰을 본 적이 있다. 상상력이 남다른 웹툰 작가의 작품이었는데 50대가 되면 다시 젊어진다는 설정이었다. '중년 엄마'라는 에피소드에서 엄마는 집안일에 메어있느라 자신을 가꾸지 못하고 늘 남편과 아들의 손발 노릇을 하며 살았다.

'왜 이렇게 살아야 하나.'

결국 엄마는 가출을 했다. 결혼하지 않고 젊음을 즐기며 사는 친구와 며칠을 함께 보냈지만 그 모습도 진정으로 행복해 보이지는 않았다. 겉으로는 화려해 보이던 그 친구 역시 마음 깊은 곳은 외롭고 허무한 듯 했다. 그러다 꼬질꼬질한 모습으로 찾아온 아들을 보고 엄마는 마음이 동해서 집으로 돌아갔다.

친구와 함께 있을 때 엄마는 네일아트를 했었다. 손톱이 이렇게나 예뻐질 수도 있다는 걸 알게 되었지만 집에 돌아와 아들에게 밥을 해주는 데는 거추장스럽기 그지없었다.

엄마는 뒤돌아 앉아 굽은 등을 하고 네일아트를 했던 손톱을 깎았다. 웹툰 속의 한 장면이었지만 깎여 나가는 핑크색 손톱을 보고 있자니 눈물이 났다. 엄마는 결국 자신의 몸을 치장하며 젊음을 즐기는 것보다 아들에게 돌아가는 것을 선택했다. 아마도 그게 엄마의 가장 행복한 선택이었을 테지.

퇴근하고 집에 가면 나를 기다리고 있는 산더미 같은 집안일과 아이들이 싸우는 소리 때문에 집에 들어가기 싫었던 적이 많았다. 일부러 야근하고 늦게 들어가거나 집에 있기 싫어서 일을 핑계로 커피숍이나 스터디 카페에 가서 시간을 보내다 온 적도 있었다. 그럴 때마다 아이들에게는 배달 음식을 시켜주곤 했다. 똑같이 일하는데 왜 나만 이렇게 아이들에게 얽매여 있어야 하는지 억울했다. 나도 "오늘 사람들이랑 술 약속 있어서 좀 늦어."라는 한마디만 하고 집에 늦게 올 수 있었으면 좋겠다고 생각했다.

그날은 정말 참기 힘들었다. 부전공 자격증을 따보겠다고 온라인 자격연수를 듣느라 방학 내내 9시부터 6시까지 점심시간을 뺀 하루 8시간을 꼬박 책상에 앉아 수업을 들었다. 방학이니 아이들과 종일 붙어있어야 했고, 수업을 듣지 않는 시간 동안 쉴 새 없이 집안일을 했는데도 일이 끊이질 않았다. 지쳤던 몸을 쉬고 싶었다. "엄마 너무 힘든데 그만 어지르고 정리 좀 도와줘." 아이들은 들은 척도 하지 않았고, 집은 점점 더 전쟁터로 변해갔다. 인내심의 한계를 느낀 순간, 쌓이고 쌓였던 것들이 한꺼번에 터졌다.

"엄마 지금 너무 화가 나서 집에 못 있겠어. 나가서 마음 좀 진정시키고 내일 올 테니까 그렇게 알고 있어."

그렇게 나는 난생처음 가출을 했다.

어디로 가야 할지 아무것도 생각나지 않았다. 그냥 하룻밤 지낼 짐을 싸서 집을 나왔다. 아이들은 집을 나서는 나를 붙잡지 못했다. (그날 나를 말릴 수 없는 어떤 기운이 느껴졌나 보다) 그렇게 무작정 고속도로를 탔다. 30분쯤 지났을까. 첫째에게 문자가 왔다. 휴게소에 차를 멈췄다.

'엄마… 진짜 내일 오는 거야? 내가 잘못했어. 조금만 있다가 오늘 오면 안 돼?'

첫째의 울먹이는 목소리가 들리는 것 같았다. 이런 모습을 처음 봤으니 놀라고 당황했을테지.

'엄마 마음이 너무 힘들어서 생각을 정리할 시간이 필요해. 내일 꼭 갈테니까 동생이랑 싸우지 말고…'

10분쯤 더 지났을 즈음 문자를 보낸 둘째는 의외로 침착했다.

'엄마, 아까는 제가 잘못했어요. 엄마가 하지 말라고 하셨는데 일부러 더 한 거 죄송해요. 기분 푸시고 내일은 꼭 오세요.'

계획 없이 무작정 집을 떠나본 건 처음이라 한참을 멍하니 휴게소에 멈춰 있었다. '퇴직 후에 양평에 커피숍을 차리는 게 꿈이었는데…' 갑자기 생각난 노후 계획에 피식 웃음이 났다. 웃프네. 양평의 펜션들을 검색해서 적당한 곳을 찾아 예약하고, 다시 고속도로를 달렸다.

"지금까지 걸어온 이 길을 의심하지는 마

잘못 든 길이 때론 지도를 만들었잖아

혼자 걷는 이 길이 막막하겠지만

느리게 걷는 거야 천천히 도착해도 돼

술 한잔 하자는 친구의 말도

의미 없는 인사처럼 슬프게 들릴 때 날 찾아와

그래 괜찮아 잘해온 거야

그 힘겨운 하루 버티며 살아낸 거야

지지마 지켜왔던 꿈들

이게 전부는 아닐 거야 웃는 날 꼭 올 거야"

– 무한도전, 그래 우리 함께 (2013)

펜션으로 가는 동안 그 시기에 계속 마음에 들어오던 이 노래를 듣고 또 들었다. 눈물범벅이 되어 운전을 했다. 두 시간여 만에 도착한 펜션은 고요하고 평화로웠다. 침대에 누워 앞으로 어떻게 살아야 하나 고민에 빠졌다.

어떤 역할을 맡았을 때 욕심만큼 완벽하게 해내지 못하면 수많은 자책들로 나를 힘들게 하곤 했다. 아마도 엄마라는 역할을 더 잘하고 싶은데 그러지 못하는 스스로를 자책하며 부족한 내 모습을 직면하게 하는 집이라는 곳을 자꾸만 피하려고 했던 것 같다.

"제가 스스로 조금 못났다고 생각할 때, 그런 모습조차도 좋아해 주시는 분들이 계세요. 이렇게 저를 응원해 주시고 지지해 주시는 분들을 보면 그 자체로 그냥 한 개인으로서, 누군가에게 응원을 받는 사람으로의 삶으로는 만족을 많이 하는 것 같아요. 그렇게 저를 응원해 주시는 분들에게 만족하는 삶의 어떤 원동력을 많이 받는 것 같아서 되려 감사하다는 말씀 진심으로 드리고 싶습니다. 내 자신이 별로인 것 같고 못나 보여도 하나하나가 다 눈부신 게 청춘이지 않을까요."

– 정승환, 청춘콘썰트 (2022)

내가 아이들에게 잘해주지 못하고 있다고 느낄 때 "지금도 충분히 좋은 엄마예요."라고 말해주던 사람들이 떠올랐다. 꼬물거리는 글씨로 '제가 힘들 때마다 위로를 해주고 제가 아플 때마다 챙겨주시는 엄마가 너무 좋아요. 저를 낳아주셔서 감사합니다. 건강하시고 사랑해요.'라고 써주었던 둘째의 편지도 생각났다. 너무 못나고 부족하다고 생각되는 내 모습까지도 좋아해 주고 믿어주는 사람들이 있는데… 엄마로서의 역할에 대한 부담으로 집을 뛰쳐나와 버린 내 모습이 부끄러워졌다. 너무 잘하려고 하지 않아도 되는데, 아이들은 그냥 그 자리에 내가 있어 주는 것만으로도 고마운 걸 텐데… 미안하고 또 미안했다. 걱정하고 있을 아이들에게 문자를 보냈다. 엄마는 마음이 많이 편안해졌고 내일 꼭 집에 들어갈 테니 걱정하지 말라고. 엄마가 이런 시간을 가질 수 있게 이해해 줘서 고맙다고.

다음 날, 집에 돌아가니 아이들이 나를 꼭 안아주었다. 아이들의 콩닥거리는 심장박동을 가까이 느끼려고 나도 아이들을 꼭 안았다. 처음이자 마지막일 내 가출은 그렇게 아름답게 마무리되었다.

2015 3학년 담임 이야기

교사 11년 차. 내가 세 번째 학교로 옮기게 된 해였다.

지난 두 학교에서 내내 중학교 1학년과 2학년 담임만을 맡다가 처음으로 중학교 3학년 담임을 맡게 되었고, 여러 가지 해보고 싶었던 많은 계획들을 실현할 수 있을 거라는 부푼 꿈을 안고 학기를 시작했다.

과연 3학년 아이들은 1학년 아이들처럼 친구들 이야기를 고자질하려고 쉬는 시간마다 나를 괴롭히는 일은 없었다. 조종례나 청소 시간에 일일이 다 신경 쓰지 않아도 될 만큼 확실히 더 어른스러웠다. 특히 M은 성격이 털털하고 운동을 잘해서 아이들과의 관계가 두루 좋았다. 사실 2학년 때까지 M은 반항기가 넘치던 아이였다. 무슨 이유인지는 모르겠지만 3학년이 되어 정신을 차려보겠다고 선언하더니 학교 생활에 성실히 임했다. 선생님들은 그런 M의 모습을 보고 개과천선했다며 놀라시곤 했다. 하지만 급격하게 성격을 바꾸기는 어려웠고 욱하는 성질이 종종 튀어나왔다. 2학년 때 M의 모습에 대한 기억으로 편견을 갖고 계셨던 선생님들께는 여전히 미운털이 박혀있었다. 어느 날. 결국 수업 시간에 폭발한 M은 국어 선생님께 심하게 대들었고, 선도위원회에서 징계를 받았다. 그전까지는 리더십 있게 자신의 역할을 너무도 잘 해내고 있었기에 안타깝고 속상했다.

2학기에 M이 더 열심히 학교생활을 할 수 있도록 지도한 뒤, 학기말 자립상 대상자에 명단을 올렸다. 어쩌면 국어 선생님께서는 속으로 나를 괘씸하게 생각하셨을지도 모른다. 하지만 다 큰 어른인, 아니 어느 정도 삶의 연륜이 있으셨던 그 선생님께 드렸을 상처를 감수하더라도 M이 스스로 더 나은 사람이 될 수 있다는 생각을 가질 수 있도록 희망과 용기를 주는 것이 더 바람직하다고 생각했다. 다시 그 상황으로 돌아간다고 해도 망설임 없이 똑같이 행동했을 것이다. 몇 년 후 군대에서 휴가를 나왔던 날 만난 M은 생각이 바르고 자신의 길을 잘 찾아가고 있는 믿음직스러운 청년이 되어 있었다.

그 해 중학교 3학년 아이들은 유독 정이 많고 나랑 잘 맞았다. 어느 반 수업을 들어가더라도 그 반만의 특징이 있어서 수업이 항상 즐거웠다. 벽화동아리를 만들어 계단에 테셀레이션 벽화를 그리기도 했고, 밴드부 아이들이 공연 연습을 할 때면 늘 밴드부 연습실에 상주해 있곤 했다.

12월. 1, 2학년 아이들은 시험 기간이라 일찍 하교하고, 시험 기간이 훨씬 이전에 끝난(3학년 2학기 2차 지필은 고등학교 진학 때문에 1, 2학년 시험 기간보다 빨랐다) 3학년 아이들만 오후 3시간 내내 학교를 지켜야 했던 어느 날이었다. 3학년 전체 아이들과 미니 체육대회를 하기로 하고 생기부(학생생활기록부) 업무를 야근으로 미루었다. 아이들은 체육관에 모두 모여 꼬리잡기도 하고, 반 대항 짝피구도 하며 세 시간 동안 단 한 명의 사고도 없이 신나는 시간을 보냈다.

7교시가 끝나는 종이 울리자 마이크를 들고 외쳤다. "모두 가운데로 모여~ 우리 단체 사진 찍자!" 그러자 200명에 가까운 아이들이 체육관 가운데로 모이기 시작했고, 단상에서 사진을 찍으려고 의자에 올라가 있는 나를 한꺼번에 쳐다보는 게 아닌가! 아이들의 귀가를 지도하고자 체육관에 느지막이 합류하신 몇몇 선생님들은 놀라움을 금치 못했다. 아이들이 어쩜 그렇게 말을 잘 듣냐며. 심지어 집에 가는 종이 울리고 나서였으니 더 신기했을 테지. 사진을 찍으려고 옹기종기 모여있던 아이들을 보며 생각했다. '난 정말 평생 교사를 해야 하는 사람이구나.'

아이들을 졸업시키기 전, 꿈꿔왔던 졸업여행을 계획했다. 우리 반 아이들과 친했던 다른 선생님 한 분을 모시고 사전에 허락받은 20여 명과 함께 강촌으로 기차여행을 떠났다. 우리가 가서 한 일이라곤 자전거를 타고, 저녁을 해 먹고, 놀이 기구 몇 개를 타고, 함께 이야기를 나누며 밤을 지새운 것뿐이었지만 어쩌면 그것이 나를 포함한 우리 모두에게는 평생 잊지 못할 추억으로 남으리라. 그렇게 교사 생활에의 버킷리스트 하나를 달성했다.

사람들이 왜 똑같은 콘서트 공연을
두 번 보는지 알 것 같아.
끝나니까 또 보고 싶어.
내일도 오니까 너무 좋다!

나래의 숲

한 글자씩 부르기

딸들은 노래하는 걸 참 좋아한다. 어렸을 적 유모차에 태워서 산책할 때 늘 동요를 틀어줬던 영향 때문이었는지 말도 빨리 트이고 따로 가르치지 않았는데도 음감이 꽤 좋았다. 아이돌을 좋아할 시기가 되자 아이들은 차 안에서 음악을 틀어놓고 최신 유행하는 노래들을 따라 부르곤 했다. 주말에 교외로 나들이나 캠핑을 갈 때는 차에 머무르는 시간이 꽤 길었지만 노래방 마이크를 카오디오에 연결해 주었더니 이동하는 시간도 지루하지 않았다.

어김없이 차에서 노래를 부르던 어느 날, 틱톡에서 유행하는 거라며 아이들이 가사를 한 글자씩 나눠 불렀다. 둘이 한 글자씩 부르는 데도 혼자 부르는 것처럼 음정과 박자가 딱딱 맞았다. 아이들은 나를 위해 '너였다면 한 글자씩 부르기'를 연습해서 들려줬고, 신기해서 녹음을 해두었다.

며칠 후 한 라디오 프로그램의 인스타그램 피드가 눈에 띄었다. 아이들이 부르는 노래를 듣고 제목을 맞추는 코너에 사용할 음원을 모집하고 있다는 것이었다. 호기심에 아이들이 부른 '너였다면 한 글자씩 부르기' 녹음본을 보냈다.

녹음본을 보냈다는 사실을 잊었을 때쯤, 내가 보냈던 음원이 채택되었다는 DM[11]이 왔다. 디제이는 노래 마지막에 첫째가 멋쩍어서 웃던 아저씨 같은 웃음소리를 유독 좋아하며 벨소리로 만들고 싶다고 했다. 우린 덕분에 피자 기프티콘을 상품으로 받을 수 있었다.

그해 여름 그는 '안녕이란 말'이라는 싱글을 발매하고 커버 콘테스트를 비롯한 어마어마한 스케줄을 쏟아내기 시작했다. 그중 하나가 바이브 오디오 서비스인 '심야식당'이라는 프로그램이었다. 정해진 주제에 대해 30분 정도 음악과 이야기를 들려주고, 30분 정도는 청취자 중 몇 명에게 마이크 권한을 부여하여 함께 대화할 수 있는 기회를 주는 파격적인 서비스였다. 닉네임이 그의 취향을 저격하는 단어들이어야 연결이 되었다. 덕분에 두 번씩이나 연결되는 사람도 종종 있었다. 그야말로 아이디어 싸움이었다. (닉네임 짓는 게 세상에서 제일 어렵다) 어떻게 해야 그의 눈에 띌 수 있을까, 어떤 사연을 채팅에 남겨볼까 고민하다가 지인의 추천으로 아이들의 한 글자씩 부르기 스킬을 활용해 보기로 했

11 · Direct Message. 인스타그램에서 개인에게 보내는 메세지.

다. 닉네임이 한글 열 자까지로 제한되어 있어서 띄어쓰기를 할 수도 없이 '안녕말한글자씩부르기'라고 닉네임을 정하고, 조마조마한 마음으로 채팅을 남겼다. 잠시 후, 그가 내 채팅을 읽어주었다.

"안녕말 한 글자씩 부르기. '초딩 딸램들이 안녕이란 말 한 글자씩 부르기 열심히 연습했어요.' 지금 바로 들려주시는 건가요? 이분 연결해 볼게요."

"얘들아! 우리 연결됐어!"

"우리 맞아? 어떡해, 어떡해~"

샤워하고 잘 준비하려던 아이들은 방금 감은 머리에서 물이 뚝뚝 떨어지는 상태로 내 방에 들어와 통화할 준비를 했다. 드디어 통화 시작. 아이들은 수줍게 자기소개를 했다. 아이들이 부른 한 글자씩 부르기가 라디오에 나온 적이 있었다고 하니까 그는 "이미 셀럽이구나~!" 하며 감탄했다. 아이들은 준비했던 신곡의 후렴을 무반주로 불렀다. 심야식당에 연결될지도 모르니 신곡 연습을 좀 해두라고 지나가는 말로 이야기했었는데, 결과는 성공적! 너희들 연습 많이 했구나…(엄마 감동) 그는 너무 즐거워하며 다른 노래를 또 불러달라고 했다. '너였다면'까지 불러주었더니 그가 갑자기 같이 불러보고 싶다고 했다. 첫째랑 언어(언제라도 어디에서라도) 한 글자씩 부르기를 시도하다 결국 어정쩡하게 실패.

"이건 나중에 만나서 하던가 해야겠네요."

나중에 눈사람도 한번 불러달라는 이야기를 끝으로 통화가 마무리되었다. 연결이 끝나고 나서 아이들은 그와 통화했다는 신기한 경험에 즐거워하며 방으로 돌아갔다.

눈사람을 불러달라고 했던 그의 부탁을 들어 주기 위해 아이들이 이번에는 '눈사람 한 글자씩 부르기'를 연습하기 시작했다. 몇 주 후, 우리는 차 안에 옹기종기 모여 앉아서 '눈사람'을 녹음했다. 녹음은 한 번에 쉽게 되지 않았다. 가사를 틀리거나 박자를 못 맞추기도 하고, 큰 소리를 내며 오토바이가 지나가기도 했다. 우리의 녹음실은 컴퓨터로 믹싱을 할 수 없는 곳이었으니 중간에 틀리면 처음부터 다시 불러야 했다. 계속 틀리는 둘째에게 결국 첫째가 불만을 터뜨렸다.

"아, 뭐 하냐~"

짜증 내던 목소리가 녹음된 걸 다시 들려줬더니 둘 다 깔깔거리며 좋아했다. 티격태격하던 순간들조차도 즐거운 기억이 되는 시간이었다. 우여곡절 끝에 녹음한 노래를 유튜브에 올렸고 공식 커뮤니티에 링크를 적어두었다. 그는 과연 아이들의 노래를 들어봤을까?

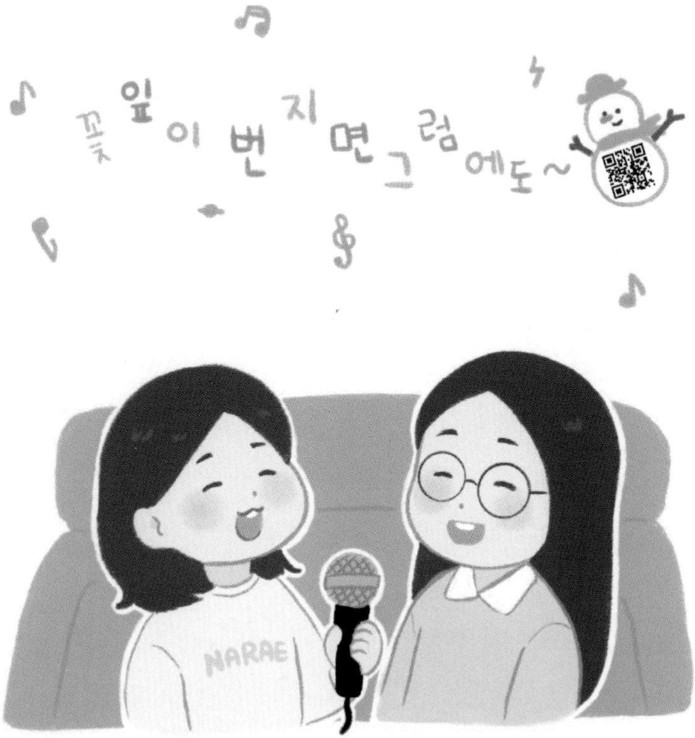
꽃잎이 번지면 그럼에도~
NARAE

생일 카페의 추억 (1)

스테이씨 아이사의 생일 카페에 다녀왔다. 설 연휴에 생일 카페 기간이 끼어있었던 탓이었을까. 두 군데 모두 왠지 지난해의 그 떠들썩했던 기분은 나지 않았다. 문득 첫째가 생일 카페 얘기를 처음 꺼냈던 그때가 떠올랐다.

2022년 1월의 어느 날.

"나 스테이씨 아이사 생일 카페 가도 돼?"

"생일 카페가 뭐야?"

"팬들끼리 아이사 생일 축하해 주고 굿즈도 나눠주는 거야~"

"그래? 알았어. 한번 구경 가보자."

연예인 생일을 팬들끼리 축하해 주는 행사라니. 참으로 생소한 경험이 아닐 수 없었다. 게다가 한 군데도 아니고 세 군데에서 다른 굿즈들을 만들어 나누어준다니. 생일 카페에는 선착 특전이라는 게 있어서 그걸 받으려면 오픈 시간 한 시간 전부터 줄을 서서 기다려야 한다고 했다. 1월의 그 찬 바람을 맞으며 괜찮을까 걱정도 되었지만 눈보라 아래에서 그의 퇴근길을 보려고 세 시간도 기다려 본 나였다. 덕심만 있다면 못할 게 뭐가 있으랴. 우리는 굿즈 경쟁률이 제일 셀 것 같았던 생일 카페로 처음 향했다. 도착하니 역시나 길고 긴 대기줄. 아이들은 맨 뒤에 자리를 잡고 섰다. 근처에 혼자 조용히 기다릴 만한 카페가 있으려나 찾아보고 왔더니 아이들은 이미 생일 카페에 들어가서 자리를 잡고 있었다. 난생처음 생일 카페를 접하고 신난 아이들은 럭드(럭키드로우)를 뽑으려고 기다리는 중이었다. 나는 미리 찾아둔 카페로 들어가 조용히 나만의 시간을 즐겼다. 한 시간쯤 뒤,

"이제 다음 생카로 가자!"

첫째는 럭드 1등을 뽑아 기분이 최고조였다.

다음 생일 카페에 도착했는데 마땅히 주변에 갈만한 다른 카페가 없어서 나도 아이들과 함께 생일 카페 구경을 하기로 했다. 주문을 하면 아이사 사진이 담긴 종이컵을 받을 수 있었다. 자리를 잡고 천천히 둘러보니 카페 안이 온통 스테이씨로 가득했다. 테이블에는 온갖 인형들과 사진이 전시되어 있었고, TV에서는 스테이씨 노래가 계속 흘러나왔다. 사람들은 포토존과 나눔존에서 사진을 찍거나 서로의 굿즈

들을 교환하느라 여념이 없어 보였다. 신기한 광경을 넋 놓고 구경하고 있자니 사람들이 계속 들어와서 앉을 자리를 찾고 있었다. 오래 앉아 있기가 미안했던 우리는 1시간을 채 머물러있지 못하고 포토존에서 인증샷을 남긴 후 밖으로 나왔다.

집으로 돌아왔는데 생일 카페의 풍경이 자꾸 눈앞에 아른거렸다.

'그에게도 팬들끼리 같이 생일 카페를 해주면 얼마나 좋을까. 작년에 비해 올해는 오프 공연들도 조금씩 진행되고 있으니 생일 카페를 해도 괜찮지 않을까. 생일 카페를 하려면 얼마나 준비를 많이 해야 할까.'

아까 본 그 카페를 생각하니 내가 생일 카페를 하는 건 엄두가 나질 않았다. 오랜 팬들 중에 누군가 올해는 생일 카페를 해주었으면 좋겠다고 생각했다.

생일 카페를 다녀온 지 한 달쯤 지나, 안테나 사옥 근처를 지나갈 일이 있었다. 사옥 구경도 할 겸 근처 카페에 들렀다. 카페는 조용하고 아늑했다. 메뉴 중에 국물 떡볶이가 있는 걸 발견하고는 바로 주문. (주문을 받으면 바로 끓여주는 것 같았다) 커피보다 조금 더 기다려서 받게 된 국물 떡볶이를 후루룩 들이켰다. 기대보다 훨씬 맛있었다. 커피 맛은 어떨까 궁금해하며 한 모금 마시려는데 일회용 종이컵에 끼워진 컵홀더가 눈에 띄었다. 컵홀더에는 유명한 남자 배우의 사진이 담겨있었다.

"이 컵홀더 뭐예요?"

"저번에 여기서 생일 카페하고 남은 거 다른 손님들께도 드리는 거예요."

"여기서도 생일 카페를 해요?"

"네. 여기서도 많이 하세요."

주말이었던 그 시간에 손님이 별로 없어서 직원분께 생일 카페를 하려면 어떻게 해야 하는지 이것저것 여쭤보았다. 주로 3일에서 일주일 정도 기간을 잡고, 생일 축하 문구로 현수막을 걸거나 배너를 세우고, 내가 받았던 컵홀더 같은 굿즈들을 불특정 다수에게 주는 식이었다. 종종 작은 공간에 사진을 전시하거나 나눔존 등을 만드는 경우도 있다고 했다. 이야기를 들으며 나는 혼자서 결심했다.

'그 정도면 나도 여기서 생일 카페를 할 수 있겠다. 나도 생일 카페를 열어보자!'

훈남이었던 직원은 매우 친절했고 가게 분위기가 따뜻해서 사장님도 좋으신 분일 거라는 생각이 찐하게 스쳐 갔다.

며칠을 고민한 끝에 몇몇 덕친들에게 생일 카페 이야기를 했다. 다들 흔쾌히 함께하자고, 너무 재밌을 것 같다며 즐거워했다. (아! 역시 덕질엔 덕친이 있어야 한다) 덕친들의 대답에 힘입어 카페 사장님께 문자를 보냈다.

'안녕하세요, 저는 정승환의 팬인 OOOO라고 합니다. 생일 카페를 진행하려면 어떻게 해야 하는지 자세한 부분을 여쭤보고 싶은데 언제 전화드리면 될까요?'

'지금 가능합니다.'

사장님은 예상대로 매우 친절하셨다. 생일 카페 행사를 진행하는 동안 장소 대여료도 받지 않는다고 했다. (혹시 천사이신가요?) 그곳은 장소 특성상 평일에 회사원들이 많이 찾는 카페였고, 주말에는 비교적 손님이 적어서 행사하는 데 부담이 별로 없다고 했다. 8월 19일부터 21일까지 3일 동안 행사를 진행하겠다고 했더니 준비하면서 궁금한 점이 있으면 언제든 연락 달라는 친절한 답변이 돌아왔다. 흑흑. 감동.

그리고 난, 본격적으로 생일 카페를 준비하기 시작했다.

생일 카페의 추억 (2)

생일 카페를 열기로 마음먹었던 시기에 마침 팬카페의 운영진이 되었고, 많은 것들을 함께 준비할 수 있게 되었다. 생일 카페를 열기 위해서 제일 먼저 해야 하는 일은 공간을 어떻게 채울지 구상하는 것이었다. 각 벽의 사이즈를 재고, 테이블 놓을 위치를 선정하고, 빔프로젝터를 틀어둘 적절한 공간을 마련하기 위해 나는 카페를 여러 번 방문했다. 양쪽 벽을 뭐로 채울지, 테이블에는 뭘 놓을지, 현수막은 어떻게 할지 하나하나 회의를 통해 결정했다. 전시용 사진과 특전들을 의논하고, 각자가 맡은 역할에 최선을 다했다. 생일선물 서포트와 버스정류장 광고까지 모두 준비하느라 하루하루 정신없는 시간을 보냈다.

생일 카페를 열기로 한 첫날.

"얘들아, 엄마 오늘 일찍 가서 생일 카페 준비해야 하는데 같이 가서 도와줄래?"

"좋아~! 재밌겠다. 나 다른 생일 카페도 가볼래!"

우리는 오후 12시부터 다른 운영진 두 명과 함께 생일 카페의 오픈을 준비하기 시작했다. 카페 내부의 한쪽 벽은 포스터로 채웠고, 반대편에는 테이블과 하트 댄싱(DANSEUNG)[12]사진들로 꾸몄다. 테이블에는 액자 사진 세 개, 요정 능력 평가 시험지, 하고 싶은 말을 남길 메세지 카드, 생일 카페의 트레이드 마크인 컵 쌓기 등을 진열했다. 테이블 위쪽으로는 빔으로 플레이리스트 영상을 계속 틀어 놓았다. 입구 쪽 테이블 아래에는 혼을 갈아 넣어 준비한 안녕이란 말 상자를(채우느라 많은 우여곡절이 있었던), 화장실로 가는 벽에는 만년필로 필사한 그의 말과 시를 전시했다. 팬아트로 키오스크의 메뉴를 바꿔놓고, 특전을 받기 위한 순서와 메뉴판을 테이블에 올려두고, 창가에 그와 관련된 책까지 전시하고 나니 뭔가 꽉 채워진 느낌이 들었다.

3시가 되자 카페 외부에 대형 현수막 두 개가 눈부시게 걸렸다. 비 예보가 있어서 언제 비가 올지 몰라 불안했지만 마스코트였던 등신대도 우선 밖에 세워두었다. 벤치 앞에 세워둔 등신대는 그가 앉아있는 사진을 실물 사이즈로 출력한 것이었는데 3일 내내 인기 절정이었다. (그도 등신대와 같

---

12 · 자칭타칭 댄스 머신인 그는 콘서트나 방송에서 종종 춤을 추곤 하는데 귀여움과 멋짐이 공존한다. 생일 카페의 메인 테마였던 '댄스 승환'을 줄여 댄싱이라고 썼다.

이 사진을 찍고 갈 정도였으니) 등신대 옆에 앉아 사진을 찍으면 꼭 그와 함께 사진을 찍은 기분이 들었다.

등신대를 세워둔 지 30분 뒤, 하늘이 조금씩 어두컴컴해지더니 하늘에 구멍이 뚫린 것처럼 폭우가 내렸다. 어쩔 수 없이 그 커다란 등신대를 카페 안으로 들여놓아야 했다. 오픈 시간이 한 시간이나 남아 아직 준비가 다 되지 않은 상태였는데 폭우 때문에 팬분들이 카페로 들어오기 시작했다. 5시가 오픈이었고, 생일 카페 컵 아래에 붙어있는 스티커로 럭키 특전[13]을 드려야 했기 때문에 5시 전에는 주문을 해도 생일 카페 컵을 드릴 수가 없었다. 너무 한꺼번에 많은 분들이 오셔서(그렇게 많이 오실 줄 몰랐다) 놀라고 당황했는데 미리 공지했던 선착 특전[14] 기준이 명확하지 않아서 특전을 드리는 데에도 혼란이 생기게 되었다. (나 살려…) 처음 해보는 행사였으니 돌발 상황에 어떻게 대처해야 할지 몰라 우왕좌왕했다.

"엄마, 괜찮아?"

태연한 척했지만 울기 직전이었다는 걸 알아차렸는지 둘째가 나를 꼭 안아주었다. 그제야 조금 진정이 되었다.

다음 날은 조금 숨 돌릴 틈이 생겼다. 주말이라 오픈 시간

---

13 행운 번호를 뽑으면 받게 되는 선물.
14 일찍 오는 순서대로 받게 되는 선물.

이 오전 11시였는데, 들뜬 아기 어스[15]들이 오픈 1시간 전부터 도착해 있었다. 아기 어스들에게 떡볶이를 한 그릇 대접하며 쌓인 이야기를 나누었다. 첫날보다 여유롭긴 했지만 카페에서 찍은 사진들을 현상해 주는 이벤트를 진행하는 바람에 누군가가 카페에 상주해야 했다. 너무 많은 것을 하려고 욕심을 부려서 다들 고생이 이만저만이 아니었다. 그럼에도 불구하고 감사하다는 인사와 함께 특전을 받아 가시는 분들의 행복해하는 표정을 보며 내내 함께 행복했다.

생일 당일이었던 마지막 날 오후, 카페 바깥에서 등신대를 구경하시는 안테나 스탭분들을 보게 되었다. 오늘 스케줄이 있나? 아님 브이라이브[16]를 해주려나? 하는 기대감에 부풀어 있었는데 잠시 후, 그가 카페 앞에 나타났다! 등신대가 아닌 실물의 그가! 너무 놀라 소리를 지르며 밖으로 뛰쳐나갔다. 그는 등신대 옆에 앉아 똑같은 포즈로 사진을 찍더니 카페 안으로 들어갔다. 이것저것 구경을 하더니 우리에게 무언가 얘기를 하려다가 안 되겠다 싶었는지 다시 밖으로 나가서 차를 탔다. 인사를 하고 홀연히 사라진 그의 소식은 트위터를 통해 빠르게 퍼졌다. 다른 생일 카페에도 나타났다는 것. 그는 세 군데의 생일 카페를 투어하고 있었다.

15 그의 공식 팬클럽 이름이 'US'인데 중고등학생 팬을 아기 어스라고 부르곤 한다.
16 네이버에서 제공했던 스타 인터넷 방송 플랫폼. 현재는 위버스로 통합되었다.

홍대까지 투어를 끝낸 그는 보이스온리[17]를 틀었다. 카페에 앉아 이야기라도 좀 나누고 싶었는데 사람들이 그렇게 많은 줄 몰랐다며 다음에 본인이 카페에 초대해서 같이 이야기하고 싶다고. 생일 카페 세 군데의 얘기를 하나하나 다 해주고는 이렇게 찾아와 준 분들께 고맙다는 인사를 빼놓지 않았다. 오지 못하신 분들도 같은 마음으로 축하해 주시고 있다는 거 다 알고 있으니 너무 애쓰지 않아도 된다고⋯ 그 말이 얼마나 위로가 되던지. 주책맞게도 눈물이 주르륵 흘렀다. (옆에 계시던 분 휴지 건네주셔서 감사합니다) 꿈같았던 2022년 생일 카페는 그렇게 끝이 났다.

17　브이라이브 서비스 중에서 목소리만 송출하는 방법.

사연이 뽑혔어요

금요일 바쁜 오후 시간, 둘째에게 전화가 왔다. 평소에도 방과 후에 심심하면 자주 전화하는 터라 시큰둥하게 전화를 받았다.

"방금 어디서 전화 오지 않았어? 나 저번에 콘서트 사연 보낸 거 뽑혔다고 전화 왔었는데 너무 어리다고 인터뷰하려면 엄마한테 허락받아야 된대."

서둘러 방금 왔던 부재중 전화번호로 전화했더니 정승환 콘서트 팀이라고 했다. '정승환 콘서트 팀'이라니… 심장이 튀어나올 것 같았다.

"어머니도 팬이세요?"

'당연하죠. 사연도 제가 먼저 보냈다고요~ 링크 알려주고 사연 보내보라고 했던 그때의 나 칭찬해!'

촬영 날짜는 바로 4일 후인 화요일이었고 촬영 장소와 시간, 질문에 대해서는 주말에 다시 연락을 준다고 했다. 생일이나 데뷔기념일 서포트를 해야 하는 시기가 되면 안테나 팬마스터님과 종종 문의 메일을 주고받던 나였지만, 단독 콘서트에 사용될 영상에 들어갈 인터뷰 촬영이라니… 통화를 끊고 나서도 흥분이 가시질 않았다. 콘서트는 12월 마지막 이틀간 열리기로 했는데 핸드볼 경기장의 3500석이 양일 매진되었다. 역대 최대 규모의 콘서트여서 더 떨리고 긴장됐다.

〈나래의 사연〉

저는 작년 4월부터 댄스 학원을 다녔는데 올해는 초등부 댄스팀인 리키즈라는 팀에 소속되어서 좀 더 전문적인 스트릿댄스를 배우기 시작했어요. 리키즈는 초등학교 1학년부터 6학년까지 다양한 나이의 언니, 동생들이 있어서 같이 춤연습을 하면서 많이 친해졌어요. 그러다가 얼마 전에 저희 리키즈가 익산으로 스트릿댄스 대회를 나가게 되었는데 잘하는 팀이 너무 많아서 심장이 엄청 빨리 뛰었거든요. 저희 차례가 되었을 때 떨리는 걸 참고 무대에서 열심히 공연을 했는데 저희 팀이 생각보다 너무 잘한 거예요. 그래서 일등 할 수도 있다고 생각했는데 진짜 1등을 했어요! 결과 발표를 할 때 언니들이 울어서 저도 엄청 울 것 같았는데 꾹 참고 마음속으로만 울었어요. 상도 받고 메달도 받아서 너무 좋았어요. 저희 팀한테 축하한다고 다시 한번 말해주고 싶어요. 리키즈 사랑해~

다음 날, 내가 사연 보내길 권유했을 때 정성껏 사연을 썼던 기특한 딸에게 저녁을 거하게 샀다. 둘째는 최애 메뉴인 회전 초밥을 맘껏 먹었다. 후식을 먹으러 카페에 자리를 잡았을 때, 인터뷰 예상 질문이 도착했다.

- 자기소개 부탁드려요
- 나래의 2022년은 어떤 해였나요?
- 어머님은 나래가 1등 했을 때 어떤 기분이셨어요?
(중략)

질문을 보자마자 눈에 들어온 단어가 있었다. 바로 '어머님'. 나… 나도 인터뷰하는 거야? 그 자리에서 바로 네이버에서 가장 평점이 높은 미용실을 검색했다. 주말 오전으로 미용실 예약을 마치고 우리는 카페에 마주 앉아 인터뷰 연습에 돌입했다.

"안녕하세요. 저는 13년생 10살 유나래입니다."

"너무 평범한 것 같지 않아? 요즘 연습하던 춤을 춰보는 건 어때?"

"(춤추고 노래하면서) 우린 단 게 필요해. 삶은 쓰고 피곤해. 머리가 핑 돌 만큼 달달한 마음을 주고 싶어~[18] 안녕하

---

18 그가 고막소년단으로 활동하던 시기에 발매된 '단 거'의 후렴부분.

세요! 저는 춤추는 걸 좋아하는 초딩 어스이자 녹겠단[19] 유나래입니다."

이제 겨우 인사 하나 연습했는데… 이틀 앞으로 다가온 인터뷰를 어떻게 준비해야 하나 걱정이 이만저만이 아니었다. 질문에 대한 답을 열심히 궁리하고 연습한 뒤, 인터뷰 때 입을 옷을 사러 마트로 향했다.

"무슨 옷 입고 싶어?"

"드레스 입어야지!"

"드…레…스…?"

나이가 어중간한 둘째에게 맞는 예쁜 치마를 찾기란 생각보다 쉽지 않았다. 몇 군데의 아동복 코너를 돌고 돌아 겨우 발견한 것은 멜빵 청치마. 문득 어스색[20]을 맞추고 싶단 생각이 들었다.

"청치마에 초록 니트에 노랑 가방 메면 예쁠 거 같은데?"

"좋아!"

청치마를 구입하고 또다시 예쁜 초록 니트를 찾아 헤매던 우리는 마침 무인 상점에서 어스색에 딱 맞는 초록 니트를 발견하고는 환호성을 질렀다. 의기양양하게 집으로 돌아와 쿠팡 로켓 배송 목록에 있던 노란 힙쌕까지 주문하고 흡족하게 잠이 들었다.

19 고막소년단의 팬덤 이름
20 그의 팬클럽 공식 색. 노랑, 초록, 파랑.

인터뷰 날은 아침부터 어마어마한 폭설이 내렸다. 둘째와 함께 안양으로 가서 세미나에 참석했다가 마포구로 인터뷰를 가야 하는 강행군 일정이었다. 안양으로 가는 길에는 운전이 힘들 정도로 눈보라가 몰아쳤는데 다행히도 우리가 서울로 출발하는 시각에는 눈이 그쳤다.

안내받은 장소에 도착해서 10분쯤 대기하다가 인터뷰를 시작했다. 둘째는 긴장이 되었는지 연습할 때 이것만은 제발 하지 말라고 했던 "어… 어…"를 남발하며 엉성하게 답변을 했다. 그러다 춤을 한 번 보여달라는 요청에 신이 나서 대회 때 추었던 춤을 선보였다. 준비했던 답변이 거의 다 끝나갈 때쯤 갑자기 준비하지 못했던 질문이 날아들었다.

"승환 오빠 춤추는 거 봤어요?"

"네. 러브 다이브랑 롤린이랑…"

"어땠어요?"

"저보다 못 추는 것 같아요."

촬영 중이던 스탭들의 숨죽인 웃음소리가 퍼졌다.

"그럼 승환 오빠한테 춤 잘 추기 위한 조언 하나 해줄 수 있어요?"

"좀 부드럽게 추면 될 것 같아요. 뚝딱거리지만 않으면…"

촬영은 화기애애하게 끝났다. 우린 싸인 포스터 두 장을 받아 들고 인터뷰 장소를 나왔다. 결국 '나래 어머님'으로서의 인터뷰는 질문 근처에도 가지 못했지만 지나고 나니 오히려 다행이라는 생각도 들었다. 나는 인터뷰 대상이 아니었음에도 불구하고 내 이름이 적힌 싸인 포스터까지 챙겨주신 것만으로도 충분했다. (근데 주말에 머리는 왜 한 거니…)

집으로 돌아오던 길, 둘째는 같이 연습했던 제일 중요한 부분을 잊었다며 아쉬워했다. 화성 가족사랑 축제 퇴근길에서 그립톡을 전해줄 때 그를 가까이에서 봤던 소감을 얘기하면서

"심장이, 있었는데요~ 없었습니다~ 하!"

하고 잔망을 떠는 부분이었다. 킬포였는데 좀 아쉽긴 하네. 계속 문자를 주고받았던 스탭 분께 그 얘길 전하며 아쉽다고 했더니 인터뷰 너무 잘했다며 덕분에 영상이 잘 나올 것 같다고 고맙다고 하셨다. 그래. 지나간 건 아쉬워하지 말자.

다가올 콘서트 날을 설렘 가득한 마음으로 기다리는 둘째를 보며 하루만 함께 콘서트를 가기로 했던 일정에서 이틀 모두 같이 가는 것으로 변경했다. 까짓것 표 한 장 더 사주는 게 대수랴. 엄마랑 이틀 동안 데이트한다고 행복해하는 아이가 오늘따라 더 예뻐 보였다.

2022 안녕, 겨울 올콘[21]하다

"나 떨려. 너무 기대돼. 어떻게 편집됐을까? 근데 오늘 공연이 8시인데 왜 4시에 가?"

"볼펜 나눔 해드리기로 했거든. 엄마가 만든 책갈피도 나눔하고."

"나눔이 뭐야?"

"팬들끼리 자기가 만든 굿즈를 서로 나눠주는 거야."

"나도 나눔 받고 싶어! 어떻게 해야 돼?"

"트위터에 나눔 트윗 올라오면 가서 받으면 돼."

공연이 있는 날 올림픽 공원 앞 카페는 늘 북적인다. 겨우 빈자리를 하나 잡고 나눔 물품을 펼쳐두었다. 다이소에 새로 나왔다며 첫째가 사다 준 주접 스티커로 슬꾸(슬리브[22] 꾸미기)를 하고 있는데 핸드폰을 계속 들여다보고 있던 둘째가 흥분하며 폰을 보여줬다.

---

21 · 콘서트 기간동안 모든 콘서트에 다 참석함.
22 · 포토카드의 손상을 막기 위해 씌우는 비닐. 처음에는 탑로더에 스티커를 붙여서 꾸미는 탑로더 꾸미기가 유행했으나, 탑로더보다 얇고 가격이 저렴한 슬리브를 꾸미기도 한다.

"이분 나눔 하신대! 여기가 어디야?"

"나눔 하는 건 어떻게 알았어?"

"엄마가 팔로우한 분들 나도 다 팔로우했지."

트윗에 올라온 장소를 알려주고 내가 만든 책갈피를 하나 들려 보냈더니 둘째는 뿌듯한 표정으로 나눔 굿즈를 받아 들고 돌아왔다. 그러고는 이내 다음 나눔이 올라오기를 기다리며 핸드폰 화면에 집중했다.

MD[23]를 사러 나갔는데 날씨가 꽤 쌀쌀했다. 인터뷰 영상이랑 똑같이 입고 오겠다며 기모도 없는 스타킹에 치마를 입고 온 둘째가 걱정되었다. 오늘은 끝나는 시간이 너무 늦을 것 같고, 퇴근길은 내일 보자고 했더니 흔쾌히 알겠다고 대답했다.

드디어 입장. 팬카페에서 만든 슬로건을 하나씩 집어 들고 서둘러 자리를 체크하러 갔다. 조금이라도 앞자리에 앉기 위해 우리는 서로 떨어져 앉아야 했다. 두 자리 중 하나였던 돌출 1열 정중앙 자리에 둘째가 앉으니 본무대가 하나도 보이지 않았다.

"여기 말고 저 옆자리로 가자."

"아니야. 싫어. 나 여기가 좋아."

23 특정 행사와 관련된 홍보용 상품을 뜻하는 Merchandise의 약자. 여기서는 공식 굿즈를 뜻한다.

"너 여기 앉으면 저 앞에 무대 하나도 안 보여."

"엄마가 여기 앉고 싶어서 그러지? 나 여기 앉을래~"

어쩔 수 없이 의자 위에 두꺼운 무릎담요를 깔아 높이를 맞춰주고는 조금 떨어진 내 자리에 앉았다. 나랑 떨어져 혼자 있는 둘째가 괜찮을까 싶어서 뒤를 돌아보았는데 이미 옆자리에 계신 어스 분과 친해져 대화를 나누고 있었다.

공연이 시작되고 30분쯤 흐른 뒤, 둘째에게 선견지명이 있었다는 걸 알게 되었다. 그는 공연 중간에 자주 돌출무대로 뛰어나왔고, 돌출무대에서 춤을 추거나 떼창을 유도하기도 했다. 그 자리에서 무대가 안 보이면 어쩌나 걱정했던 건 기우였다. (돌출 1열을 딸에게 양보한 나… 기특하지만 슬펐다)

1부는 웅장했고, 산타 컨셉으로 열연한(무려 1인 3역) 2부의 VCR 뒤엔 '디데이'를 비롯한 잔망 가득한 댄스곡이 이어졌다. 드디어 인터미션 인터뷰 영상. 둘째의 인터뷰는 두 번째 순서에 40초 정도 나왔다. "저보다 못 추는 것 같아요.", "춤은 못 추지만 그래도 너무 좋아요."라는 대답에 관객들이 웃어주자 나도 입가에 슬며시 미소가 지어졌다.

세 시간여의 공연이 끝나고 11시가 넘은 시각. 집에 가기 위해 우리 차를 주차해 둔 곳으로 가던 중, 퇴근길에 팬들이 모여 있는 것을 보더니 둘째가 걸음을 멈춰 섰다.

"오늘은 퇴근길 보지 말고 바로 집으로 가자."

"나 퇴근길 보고 갈래."

"너무 늦어서 안 돼. 언제 나올지도 모르는데. 너 치마라서 춥고 감기 걸려."

"그래도 기다려 볼래~"

아까 깔고 앉았던 담요를 허리춤에 둘둘 말아주었더니 고사리 같은 손에 핸드폰을 꼭 쥐고는 퇴근길을 찍어보겠다며 펜스 쪽으로 가까이 갔다. 기약 없는 기다림. 30분쯤 지나자 손발이 얼어가기 시작했다.

"엄마 추운데 그냥 내일 보면 안 될까?"

"여태까지 기다린 거 아까워서 안 돼."

둘째는 단호했다. 아무리 봐도 그 시간에 퇴근길을 기다리는 초딩은 너밖에 없는데. 피곤하지도 않은지, 대체 저 체력이 어디서 나오는 건지… (아마도 다들 날 닮은 거라고 하겠지만) 12시경, 잘생긴 우리 슈스의 퇴근길을 끝내 보고야 만 둘째는 흐뭇한 표정으로 자기 폰에 담긴 퇴근길 영상을 자랑했다. 집에 돌아가는 길.

"엄마, '뒷모습' 노래 좋더라. 근데 '디데이'도 좋은데. 아니, '믿어'도 좋아. 아니 아니 그냥 다 좋아! 사람들이 왜 똑같은 콘서트 공연을 두 번 보는지 알 것 같아. 끝나니까 또 보고 싶어. 내일도 오니까 너무 좋다!"

다음 날, 둘째는 전날 느꼈던 공연의 감상을 열심히 편지에 담았다. 나눔을 받기만 하는 게 미안했는지 편의점에서 간식을 사달라고 했다. (왜 간식은 내가 사고 굿즈는 네가 다 가져가?) 출근길에 편지를 주기 위해 우리는 조금 일찍 올림픽공원으로 향했다. 차 안에서 둘째는 편의점에서 산 간식을 정성스레 하나씩 나눠 포장했다. 포장이 끝나자 2019 안녕 겨울 콘서트 공식 영상 중 '믿어'를 한 곡 반복 재생으로 돌려보며 떼창 구간을 연습했다.

"승환 오빠 아직 출근 안 했대."

"어떻게 알아?"

"어제 만났던 프랑스 어스 분한테 물어봤는데 지금 출근길에서 기다리고 있대."

"프랑스 어스 분이랑 어떻게 대화를 해?"

"내가 하고 싶은 말 번역기 돌려서 디엠 보냈는데?"

'아, 사막에 떨어져도 살아남을 녀석이네. 나도 어제 프랑스 어스 분 만났을 때 한국어로 대화했는데. 둘째들의 생존력이란…'

일찍 갔다고 생각했지만 5분 차이로 출근길을 놓쳐버렸다. 아쉬워하는 내게 둘째는 쿨하게 말했다.

"괜찮아. 퇴근길에 편지 주면 되지 뭐."

카페에 도착해서 둘째는 또다시 나눔 굿즈 받는 일에 몰

두하기 시작했다. 굿즈를 받으러 갈 때 자기가 포장한 간식 꾸러미를 하나씩 갖다 드리는 걸 잊지 않았다. 받아온 연력을 보고 감탄하고, 포토 캔디 아까워서 어떻게 먹냐며 고이 가방에 넣던 둘째는 눈사람 쿠키는 도저히 참을 수 없었는지 와구와구 입에 넣었다. 나눔을 받으러 가면 인터뷰에 나온 둘째를 알아보는 분들이 더러 있었다.

"엄마, 사람들이 나 알아본다. 나 유명해졌나 봐."

막콘[24]날은 자리의 구역이 아예 떨어져 있었다. 나는 B 구역 1열, 둘째는 A 구역 5열. 아무리 생존력 강한 아이라지만 눈에 안 보이니 더 걱정되었다.

"화장실 가고 싶으면 인터뷰 나올 때 나가야 해. 중간에 못 들어와."

"알았어."

역시나 쿨하게 대답하고는 아까 받았던 굿즈들을 차곡차곡 정리하는 데 여념이 없었다.

'I will'을 부를 때 무릎을 꿇고 스탠딩을 유도하며 날아다니듯 공연했던 그. 막콘의 열기는 전날보다 더 뜨거웠고, 끝나고 난 후에도 그의 행복한 표정이 눈에 아른거려서 쉽게

24 콘서트의 마지막 날.

자리를 뜨지 못했다. 열심히 비하인드 영상을 촬영하고 있던 나에게 둘째가 빨리 퇴근길을 보러 가자며 재촉했다. 또 다시 퇴근길. 한참을 기다려 만난 우리의 슈스에게 둘째는 내 편지와 자기 편지를 모두 전달하고 뿌듯하게 돌아섰다.

집에 도착해서 우리는 받아온 굿즈들의 사진을 찍으려고 모두 꺼내 펼쳐보았다. 세상에… 너무 많아서 한 컷에 찍기가 힘들 정도였다. 사진을 찍고 나면 또 다른 굿즈들이 어디선가 자꾸 나왔다. 이틀간 둘째가 열심히 뛰어다닌 결과물이었다. 굿즈들을 콜렉트 북에 정리하는 법을 알려주고 있었는데 조용해져서 돌아보니 아이는 이틀간의 긴장이 다 풀렸는지 새근새근 잠들어 있었다.

새해 첫 날. 아침부터 둘째는 '믿어'를 열창하고 있었다.
"엄마는 굿즈 받으러 온 사람들이 다 알던데? 왜 유명해?"
"유명한 게 아니고 팬카페 매니저라서 아시는 거야."
"괜찮아. 나도 유명해졌어. 훗! 올해 12월에 또 단콘 해?"
"또 하겠지?"
"우리 또 올콘 하는 거지? 아싸, 신난다~ 엄마 나 이제 스테이씨보다 승환 오빠가 훨씬 좋아! 나 이제 어스야~"

"사실 제 자신에게 그렇게 관대하지 못한 편이어서 제가 막 힘들거나 무너질 것같이 속은 다 썩어가고 있는데 그런 것도 모르고 애써 참는 게 오히려 익숙해지고, 그래서 내가 얼마나 힘든지도 이제 인지하기 힘들어지는 그런 시간들이 점점 많아지는 것 같아요.

나이가 조금씩 더 들수록 왠지 혼자서 해결해야 될 것만 같고, 누군가에게 나 힘들어 라고 말하는 게 왠지 좀 창피해지는 것 같고. 저는 좀 그런 경향이 있더라고요. 어떻게든 혼자서 해결을 해도 이미 지쳐버린 그 마음을 어떻게 위로받을까 그런 생각이 들 때는 좀 막연하고 여전히 저조차도 답을 못 찾는 것 같습니다.

근데 그런 생각은 좀 들어요. 이 무대는 굉장히 행복하면서 굉장히 두려운 공간이거든요 저에게. 하지만 이렇게 노래를 하고 있을 때 여러분들이 제 노래에 숨죽여 귀 기울여 들여주시는 순간만큼은 정말 저는 행복한 사람이 되거든요. 그래서 그럼 내가 노래를 부를 때 여러분들에게도 잠시나마 자기 자신에게 위로를 건넬 수 있고 쓰담쓰담 토닥토닥 해줄 수 있는 그런 시간이 됐으면 좋겠다는 생각이 들었습니다. (중략)

2022년 살아오시느라 정말 고생 많으셨다는 말씀 먼저 드리고 싶고요. 잘 견뎌준 스스로에게 수고 많았다고 토닥토닥 해주는 시간이 되셨으면 좋겠습니다. 서로를 좀 위로하는 마음으로, 저도 위로받고 여러분도 위로받고. 서로 위로해주는 그런 마음으로 노래 들려드리겠습니다."

– 정승환, 2022 안녕 겨울 콘서트 (2022.12.31.)

생각지도 못했던 팬카페 매니저를 맡게 되면서 원하든 원하지 않든 많은 일들을 겪을 수밖에 없었다. 힘들었던 마음을 얘기하자니 나를 믿고 운영진에 합류했던 사람들에게 더 마음의 짐이 될까 봐, 그들도 나만큼 힘들 텐데 나 때문에 힘들어질까 봐, 애써 참는 게 익숙했던 날들이 많았다. 그런데 이런 마음을 그도 품고 있었다고 생각하니 사람들이 가지고 있는 고민들은 참 비슷하구나 싶었다.

그의 곁에서 그가 행복한 사람임을 느끼게 해주는 팬들이 있는 것처럼, 내 주변에서 조용히 내게 행복을 주는 많은 사람들이 있음을 안다. 다사다난했던 2022년의 마지막 이틀을 나래와 함께 보내며, 그의 목소리에 위로받고 스스로를 토닥여 줄 수 있는 시간을 보낼 수 있었음에 감사한다.

나래는 그의 이야기를 들으며 어떤 생각을 했을까. 지금 우리가 함께 있다는 사실이 엄마를 위로해 주는 가장 큰 힘이라는 걸 알고 있을까?

드레스 코드는 교복!

5.19 팬미팅 공지   5.25 입대 공지   6.14 싱글 '에필로그' 발매
6.24~6.25 팬미팅   6.25~7.1 에필로그 팝업 스토어   7.17 입대

입대 두 달 전부터 시작된 그의 화려한 이벤트들은 우리를 몇 번이나 슬프게도, 행복하게도 했다.

팬미팅 공지가 뜨고 나서 팬들은 구역별로 노초파 드레스 코드가 있었던 작년처럼 이번에도 드레스 코드가 있을 거라는 생각에 설레는 마음으로 공지를 기다렸다. 그런데 팬미팅 일주일 전까지도 드레스 코드는 공지되지 않았고, 나와 둘째는 초조해지기 시작했다. 우리는 그의 공연을 보러 갈 때마다 옷 스타일을 맞춰서 커플룩을 입고 다니곤 했으므로 이번에도 우리끼리 드레스 코드를 맞추기로 했다. 입대 전 마지막 공연이니만큼 특별하게 입고 가자고 했지만 어떤 옷을 입고 갈지 정하기 쉽지 않았다.

그는 에필로그라는 싱글 앨범의 타이틀곡 뮤직비디오에서 교복을 입었는데, 드레스 코드가 공지되지 않자 팬들 사이에서 이러다 교복이라도 입고 가야 하는 것 아니냐는 트윗이 돌기 시작했다. 진짜 교복을 입어 볼까? 혼자서는 불가능했지만 둘째와 함께라면 괜찮을 것 같았다.

우선 그가 뮤비에서 하고 나왔던 넥타이와 똑같은 걸 찾아서 구입했다. 교복 치마와 비슷하게 생긴 회색 치마를 사이즈별로 두 벌 사서 단을 줄이고, 흰색 반팔 셔츠도 샀다. 둘째는 교복룩을 엄마와 같이 입을 생각에 신나있었다. 나도 들뜨긴 마찬가지였다. 나는 교복을 안 입은 지 20년이 넘었고, 둘째는 교복을 입어보지 못했으니 둘 다 교복이 낯설고 새로웠다. 그리고 디데이. 우리는 교복룩과 까만 책가방으로 컨셉을 맞춘 뒤 유니버설 아트센터로 출발했다.

사실상 이번이 팬카페 운영진으로서의 마지막 공연 서포트가 될 것 같았으므로 할 수 있는 한 많은 것들을 해주고 싶었다. 유니버설 아트센터에 도착해서 도시락과 꽃바구니, 슬로건을 전달하고 쌀화환까지 잘 설치된 것을 확인한 후, 공연이 시작되기를 기다리며 남은 이벤트(레터북[25] 만들 편지 모으기)를 준비했다. 팬들은 여느 공연때처럼 저마다의 손재

25 그가 군입대를 하기 전, 팬카페에서 그에게 줄 편지를 모아 책으로 만들어 전달했다.

주를 발휘하여 준비해 온 나눔 굿즈들을 교환했고, 공연에서만 만날 수 있는 랜선 덕친들과 안부 인사도 나누었다.

공연이 시작되자 등장한 그를 보며 우리 둘은 눈이 휘둥그레졌다. 그가 뮤비에서 입고 나온 것과 똑같은 교복을 입고 나타난 것이었다. 우리와 같은 넥타이를 메고 말이다!

뮤비에서 막 튀쳐나온 듯한, 교복을 입은 그는 애쉬색(그의 표현을 빌리자면 약간 새치같기도 한) 브릿지를 넣은 염색머리를 하고 있었다. 팬미팅을 준비하는 동안 우리가 뭘 좋아할까를 제일 많이 생각했단다. 쑥스러움을 무릅쓰고 입은 교복, 한 번도 해보지 않은 브릿지 염색, 부끄러워서 잘 못하지만 그날따라 사정없이 날려주던 손하트도 모두 우리를 위한 것들이었다.

"어스에게. 또 다른 기다림의 시작을 함께할 수 있다는 감사함에 이 편지를 씁니다. (중략) 이번 만남을 앞두고는 생각이 참 많았어요. 몇 시간을 어떻게 하면 좋은 추억으로 채울 수 있을지 이것저것 머리를 짜내고 있는데 하고싶은 게 참 많은가봐요. 이상하게 어스와 관련된 것이라면 욕심을 부리게 됩니다.

저는 아직도 사람들 앞에서 노래할 때 집중해서 들어주시는 분들을 보면 신기하고 꿈만 같아요. 수많은 일들이 일어나고 수많은 감정들이 오가는 이 세상에 3분 또는 4분이라는 시간 동안 제 노래를 들어준다는 건 기적 같은 일이더라고요.

제가 할 수 있는 보답은 감사하고 귀한 마음으로 계속 노래하는 것이라 생각합니다. 앞으로 제가 맞이할 날들을 더 깊어지는 시간으로 보내려고 해요. 어스들의 이야기를 잔뜩 끌어안고 가서 하나씩 풀어보면 긴긴 밤도 외롭지 않을 거예요. 여러분 앞에 다시 서게 될 날을 기다리며 가끔 들려오는 여러분의 작은 목소리에도 귀 기울일게요. 지금까지 그랬던 것처럼 웃으며 인사해 주세요. 함께 있어주셔서 감사합니다."

– 정승환, WITH ME WITH US (2023.6.24.)

다음날엔 여의도에서 팝업 스토어가 열렸다. 발라더의 팝업 스토어라니! (물론 그는 '발라돌'이지만) 팝업 스토어 굿즈에는 서로 다른 7장의 포토카드 중 3장이 랜덤으로 들어있는 앨범이 있었다. 앨범을 세장 사도 7장을 모두 모으는 것은 쉽지 않았고, 사람들은 포토카드 7장을 종류별로 모두 모으는 것을 '포토카드 드래곤볼'이라고 불렀다.

예전에 첫째와 스테이씨 팝업 스토어에 같이 갔을 때, 앨범을 사고 나서 한참 동안을 아이는 그곳에 머물렀다. 다른 사람들과 포토카드를 교환하며 좋아하는 아이사의 포토카드를 모으기 위해서였다. 팝업 스토어에 방문하기 전날엔 정성 들여 부적카드도 만들었다. 앨범을 뜯기 전, 앨범에 부적카드를 대고 문지르며 맘에 드는 포토카드가 나오기를 기도하는 모습은 마치 복권 당첨 번호를 보기 전에 1등이 되게 해달라고 비는 것처럼 간절해 보였다.

우리가 팝업 스토어를 방문하기 전날 밤, 첫째는 정성스레 만든 부적카드를 나와 둘째에게 내밀며 말했다.

"꼭 최애카드 뽑아~!"

팬미팅 첫 날 나눔으로 어스색 머랭 쿠키를 만들어 주었던 첫째는 둘째 날에도 햄찌 쿠키를 구워주었다. (첫째는 조용히 우리들의 덕질을 응원해 주는 가장 든든한 서포터즈인 것 같다) 그런 언니의 바람에 힘입어 둘째는 나보다 먼저 드래곤볼에 성공했다. 물론 부적의 힘만으로는 역부족이었다. 언니가 포토카드를 교환하는 것을 보고 배워두었던 둘째는 가지고 있던 중복 카드를 처음보는 어스분들께 내밀며 교환하시겠냐고 물어보고 있었다. 덕분에 나 역시 드래곤볼 성공!

팝업 스토어에서 가장 인기를 끌었던, 그와 함께 찍은 것처럼 연출이 가능한 네 컷 사진까지 성공적으로 찍은 후, 우리는 행복하게 둘째날의 팬미팅 공연을 즐겼다[26].

26 팬미팅 후기 177페이지

다시 엄마 딸로 태어나고 싶어.
내가 힘이 날 수 있게 옆에서 응원해줘서 고마워.
나를 키워주어서 사랑을 주어서 감사해요.
엄마 사랑해요.

가족의 숲

그냥 좋아서요

#1

중학교 때는 서태지와 아이들을 좋아했고, 고등학교 때는 HOT를 좋아했다. 종종 사진을 모으긴 했지만 '열렬히' 좋아하지는 않았던 것 같다. 오히려 나는 현실 연애를 더 중요하게 생각했다. 서태지와 아이들의 춤을 잘 추는 남자아이를 짝사랑하다가 그 아이가 속해있던 일진 아이들과 친해지기도 했다. (이 시기에 겪었던 여러 가지 사건들은 내가 교사가 된 결정적인 계기가 되었다) 연예인에게 팬레터를 쓰는 대신 남자친구에게 연애편지를 썼다. 아이들은 종종 그런 나에게 연애 상담을 했다. 물론 연예인을 보러 음악방송에 가거나 팬클럽에 가입한 일도 전무했다.

그랬던 내가 40이 넘어 갑자기 주말마다 공연을 보러 다니는 횟수가 늘어나자 아이들이 외할머니 집에 가는 일도 잦아졌다. 엄마는 "또 정승환 보러 갔어?" 하시면서도 더 이상의 잔소리는 하지 않으셨다. 덕질을 시작하고 나서 나에게 일어난 일련의 변화들을 보시고는 잔소리보다 응원이 필요하다고 생각하신 게 아닐까 싶다. 덕질을 시작하기 전에 내가 겪고 있었던 심적인 고통을 다 알고 계셨을 테니. 엄마는 그랬다. 일일이 설명하지 않아도, 표정만 보고도 내가 지금 어떤 상태인지 다 아는 사람.

허리가 안 좋으신 엄마를 모시고 함께 강화도로 김장 재료를 사러 간 날이었다. 강화까지는 차로 한 시간 반이 걸렸다. 오랜만에 엄마와 함께 요즘 사는 이야기들을 한참 나누었다. 돌아오는 길에는 아이들도 피곤했는지 뒷자리에서 잠이 들었고, 엄마와도 웬만한 얘기들은 다 나눈 상태여서 조용히 음악의 숲 다시 듣기를 틀었다. "안 졸리면 이거 들으면서 가야 해요." 하며 머쓱하게 이야기를 꺼냈다. 이 라디오 프로그램을 통해서 그에게 입덕하게 되었고, 사연자에게 해주는 위로들이 꼭 나에게 해주는 위로 같았다고. 엄마는 조용히 들으시더니 한마디 말씀만 하셨다.

"그래. 네가 외로움을 많이 타는 성격이니까…"

내가 지금 이렇게 누군가에게 빠져서 위로를 갈망하게 된 상황을 엄마는 다 이해하고 계셨다. 그런 엄마를 보며 '나도 우리 엄마 같은 엄마가 되어야지.'하고 조용히 다짐했다.

#2

차박에 대한 환상을 가지고 SUV로 차를 바꾼 뒤, 궁평항으로 아이들과 첫 차박을 하러 갔다. 캠핑 경력이 꽤 쌓였다는 자신감과 차박 텐트만 믿고 가볍게 짐을 쌌는데, 도착해보니 차박을 하는 곳에는 없는 것들이 너무 많았다. 그 흔한 개수대도 없었고 화장실은 10분을 걸어가야 나왔다. 어떻게 저녁을 차려 먹어야 하나 고민에 빠져있던 우리에게 구세주처럼 아빠가 회를 떠서 찾아오셨다. 아빠와 술잔을 기울이며 대화를 나누던 중, 아이들이 내가 팬카페의 매니저를 맡고 있다는 얘기를 꺼냈다.

"팬카페 매니저? 그거 하면 정승환이랑 밥이라도 한 번 같이 먹었겠네?"

"아니요~!?"

"그럼 대화는 해봤어?"

"아니요. 제 얼굴 아는지도 잘 모르겠어요."

"그럼 매니저는 왜 하는 거야?"

뭐라고 대답해야 할까. 설명을 하려다 내가 왜 팬카페 매니저를 하게 되었는지에 대해 스스로 반문하게 되었다. 그저 그가 좋아서라고 얘기하기에는 턱없이 부족했다. 그를 좋아하는 마음들이 모여있는 그곳이 너무 소중했다. 지키고 싶었다. 말로 다 설명할 수 없는 마음이었다.

"그냥 좋아서요."

결국 이렇게 대답했다. 아빠는 더 이상 묻지 않으셨다. 어렸을 때부터 내가 하고 싶다는 게 있으면 이유를 묻지 않고 다 들어주셨다. 학원에 가고 싶다면 보내주셨고, 두 달 만에 그만두고 싶다고 해도 내가 원하는 대로 하라고 하셨다. 늘 내 생각과 판단을 온전히 믿어주셨으니 이번에도 그러신 거겠지. 그럴만한 이유가 있었으리라 생각하시면서.

#3

남편과 하이볼을 두세 잔쯤 마시고 기분이 좋아졌던 날, 도망가자와 보통의 하루 동영상을 함께 보며 말했다.

"네가 아버님 돌봐드리느라 나 혼자 외롭게 두었을 때 너 대신 나를 위로해 줬던 노래들이야."

"고마워해야겠네, 정승환한테."

"응. 많이 고마워해야 돼. 그러니까 내가 앞으로 공연 보러 다닐 때 뭐라 하면 안 돼~"

2021년 마지막 날, 그의 콘서트를 보러 우리는 다 같이 대구로 가족 여행을 갔다. 넷이 각자 떨어진 자리에서 공연을 봤지만 세 시간 동안 모두 같은 감동을 느꼈으리라. 공연이 끝나고 남편은 세 시간 동안 혼자 공연을 이끌어가던 그가 대단하다고 칭찬을 아끼지 않았다.

2022년에는 오프라인 공연이 점점 활성화 되어 주말에 공연을 보러 다니는 횟수가 잦아졌고, 덕친들과 제주도로 여행을 가기도 했다. 남편은 그런 내게 싫은 소리 한 번 하지 않았다. 내가 없는 동안 아이들과 놀이공원에 가기도 하고 생일 카페 준비를 위한 무거운 짐을 옮겨주기도 했다. 처음에 그에게 느꼈던 질투 어린 감정이 아마도 조금씩 고마움으로 바뀌게 되었던 게 아니었을까.

랜선 친구

첫째는 어렸을 때부터 조금 소심한 아이였다. 처음 보는 어른들에게도 싹싹하게 인사하던 둘째와는 달리 어른들에게 인사를 하라고 하면 내 등 뒤로 숨어버리기 일쑤였다. 반면 속정이 깊었다. 친구도 한두 명을 깊게 사귀고 그들에게 마음을 다했다. 그러다 초등학교 4학년 때 끔찍하게 믿고 지내던 두 명의 친구와 사이가 틀어졌다. 소위 따돌림 비슷한 무언가였는데 그 두 명에 비해 외모에 자신이 없던 첫째는 그때부터 급격하게 자존감이 떨어지기 시작했다. 밖에 나가는 것은 꺼리고 그저 집에서 핸드폰을 보거나 다이어리를 꾸미는 게 하는 일의 전부였다. 활동이 없으니 소화력도 떨어졌고, 그 둘의 얼굴을 보기가 힘드니 학교 갈 준비를 하던 아침마다 배가 아프다고 했다. 같이 다니던 학원을 그만두자 학업에도 흥미를 잃어갔다.

여느 날처럼 방에 있던 첫째가 누군가와 통화하며 깔깔대는 소리를 듣게 되었다. 게임에서 만난 부산 친구라고 했다. 그 친구와 영상 통화를 하는 횟수와 시간이 점점 늘어났고, 밥을 먹거나 공부할 때도 예외는 아니었다. 예전 같았으면 게임에서 만난 친구가 어떤 아이인 줄 알고 그렇게 마음을 주냐고 한마디 했겠지만 아이가 어딘가에 마음을 둘 곳이 생겼다는 게 그나마 다행이라는 생각이 들었다. 나도 마음이 힘들 때 가까이 있는 사람들보다 온라인으로 만난 덕친들에게 진심 어린 위로를 받은 적이 많아서 첫째가 어떤 심정으로 그 친구에게 마음을 내어주고 있는지 알 것 같았다.

"엄마, 우리 언제 한 번 부산에 놀러 가면 안 돼?"

"그 친구 보고 싶구나? 그래. 엄마도 제일 친한 덕친 이모들이 부산에 있으니까 같이 한 번 다녀오자."

"진짜? 우와아! 나 지금 친구한테 전화한다~!"

첫째의 부탁을 핑계 삼아 여행 계획을 짜기 시작했다. KTX를 예매하고 차를 렌트하고 숙소를 잡은 뒤 우리가 할 일은 출발 날짜를 기다리는 것뿐. KTX를 탄 건 첫째가 일곱 살 때쯤 친척 집에 갔던 이후로 처음이었다. 아이들은 기차 여행을 신기하고 재미있어했다. 물론 나에게도 기차는 대학교 때 엠티를 다니던 그 시절로 돌아가게 만들어주는 마법 같은 매개체였다. 기차에서 내리면 랜선 친구들과 얼굴을 마주할 수 있다는 사실이 우리를 더 설레게 했다.

저녁이 되어 도착한 부산의 공기는 조금 차가웠지만 서해 바다의 공기와는 뭔가 달랐다. (뭔지 모름. 그냥 다름) 덕친들을 만나 저녁을 먹고 커피를 마시며 쉴 새 없이 덕질이야기를 했다. 헤어지기가 아쉬워 숙소 옆에 있던 숙성 횟집에서 11시까지 수다를 이어갔다. 그날 하이볼[27]이라는 술을 처음 맛보고는 30분 만에 500cc 두 잔을 비웠다. (그 뒤로 나는 하이볼에 빠져 맥주를 입에 댈 수가 없다)

다음 날. 첫째를 친구 집에 데려다주고 둘째와 단둘이 부산 여행을 즐겼다. 핑크 뮬리가 만발한 대저 생태공원에도 가고, 감천문화마을 꼭대기에 있는 어린 왕자와 사진도 찍었다. 비누 만들기 체험을 하며 사장님에게서 동안 비법도 전수받고, 저녁에는 광안리 해수욕장의 루프탑 카페에서 야경을 즐겼다. 둘째는 언니 없이 혼자 엄마를 독차지하고 있다는 사실만으로도 너무 행복해했다. 첫째는 그런 우리를 조금은 부러워했다. 친구 집에서 자고 이틀 동안 친구와 실컷 놀기로 했던 첫째는 결국 다음 날, 우리와 함께 여행하기를 원했다. 초등학교 5학년이었던 첫째도 아직은 엄마 품이 더 필요한 나이였을 테니.

27 위스키나 브랜디에 소다수나 물을 타고 얼음을 넣은 음료.

우습게도 첫째는 온라인으로 친해졌던 친구의 집에서 하룻밤을 함께한 그날 이후로 그 친구와 멀어졌다. 온라인으로 친할 때는 느끼지 못했던, 불편한 무언가를 경험했던 것 같다. 다행히도 같은 반 친구와 친해지는 데 성공했고 그 뒤로 랜선 친구를 사귀는 일은 없었다. 사람을 만나고 가까워지는 데 있어서 어떤 것이 중요한지 조금은 느꼈을까? 부산에 다녀왔던 그 시간이 아이에게 진한 삶의 경험이 되었길 바라본다.

엄마에게

첫째의 방학식 날. 친구들에게 줄 거라며 전날 밤 열심히 만들어 둔 초코칩 쿠키가 덩그러니 식탁에 놓여있었다. 전날이 방학식이었으므로 모처럼 집에서 뒹굴거리며 쉬겠다는 야무진(?) 계획으로 늦장을 부리던 나는, 머리도 감지 못하고 모자를 푹 눌러쓴 채 쿠키를 전해주러 허둥지둥 집을 나섰다. 학교 일정이 끝난 뒤, 놓고 왔던 쿠키를 내가 가져온 걸 알게 된 첫째는 들뜬 표정으로 쿠키가 들어있는 쇼핑백을 건네받았다. 갖다 주길 잘했다고 셀프 칭찬하며 주차장에서 나오던 길, 교문 앞에서 첫째가 친구들에게 둘러싸여 있는 모습을 보게 됐다. 또래보다 키가 10센티나 작아서 얼굴은 잘 보이지 않았지만, 아마도 행복한 표정을 짓고 있지 않았을까? 자신이 만든 쿠키를 다들 맛있다고 감탄하며 먹었을테니.

To. 세상에 하나뿐인 우리 엄마에게

엄마! 나 나린이야. 생신 축하드려요. 항상 편지만 쓰고 아무것도 안 드렸는데 이번엔 직접 수제 케이크를 만들었어요. 내 마음을 알아줬으면 좋겠다. 이렇게 만들 수 있는 실력이 된 것도 다 엄마 덕인 거 같아. 내가 관심 있다고 하면 해보라고 권유해주고, 필요하면 좋아하는 거 할 수 있게 이끌어주고 진짜 너무 고마워 엄마. 공부 못해도 되니까 꿈을 향해 가라고 하는 엄마 어디에도 없는 거 같아. 엄마가 비록 성격이 무뚝뚝하고 표현을 안해줘도 나는 엄마 자체로도 너무 고마워. 그리고 엄마가 뭘 하든 너무 멋져! 내가 죽어서도 다시 엄마 딸로 태어나고 싶어. 마지막으로 내가 하고 싶은 거 하게 해줘서 고맙고, 공부 못해도 내가 힘이 날 수 있게 옆에서 응원해줘서 고마워. 나를 키워주어서 사랑을 주어서 감사해요. 엄마 사랑해요. – 첫째 나린

두 장 가득 꾹꾹 눌러쓴 손편지에 마음이 먹먹해졌다. 아이들에게 공부를 강요하기보다는 하고 싶다는 걸 할 수 있도록 기회를 주었다. 첫째가 친구들에게 따돌림을 당해서 우울해져 있을 때 댄스학원에 다녀보길 권유했다. 함께 배우던 그룹 내에서 두각을 보이며 선생님께 칭찬을 받았고 점점 자신감을 갖게 되었다. 에어프라이어로 구름빵을 만들어 먹는 걸 보고 오븐을 사주었더니 유튜브를 보고 혼자 휘낭시에를 만들었다. 스콘과 민트쵸코쿠키도 구워달라고 했더니 제법 그럴싸하게 완성했다. 요청하는 대로 척척 만들

어 내는 게 신기해서 제과제빵 자격증반에 등록해 주었다.

주변 사람들이 걱정했다. 그렇게 공부를 안 시켜서 어떡하냐고, 영어학원에 다니지 않아도 괜찮겠냐고. 아이도 걱정이 되었는지 두어 달 정도 영수 학원에 다녔는데 행복해 보이지 않았다. 아이가 수학 문제를 하나 더 푸느라 힘든 시간을 보내는 것보다 자신이 만든 소금빵을 맛있게 먹는 엄마를 보며 행복해하는 게 더 좋다. (이렇게 말하고 있는 나는 수학을 가르치는 사람이라는 게…)

항상 온전히 나를 믿어주신 부모님 덕분에 독립적이고 자주적인 사람이 될 수 있었다. 내 아이도 그렇게 키우고 싶다. 남들이 하는 대로 따라서 아이를 키우다 보면 아이는 남들만큼 평범하게 자랄 수는 있겠지만 특별히 행복한 시간을 가지기는 어렵지 않을까? 살아가며 행복이라 말할 수 있는 시간을 많이 만들어 주고 싶다. 그게 내가 부모로서 아이들에게 해줄 수 있는 최선인 것 같다. 그래서 난 오늘도 아이들에게 물어본다.

"엄마 그립톡 만들 건데, 너희도 만들고 싶은 거 있으면 사진 보내줘~"

"고마워! 엄마가 굿즈 만들어 준다고 애들이 나 엄청 부러워한다~ 히히."

제주 입성

　오래전부터 갈망했던 제주도 2주 살기의 꿈을 실현하기 위해 겨울방학 동안 아이들과 제주도에 내려가기로 했다. 6개월을 준비한 끝에 찾아온 그 꿈의 첫날! 새벽부터 눈이 펑펑 내렸다. 7센티는 족히 쌓인 듯한 새하얀 눈길에 아이들은 깊은 발자국을 내면서 신나게 뛰어다녔다. 뽀득거리는 소리가 경쾌하게 들렸지만, 나는 푹푹 꺼지는 눈길을 밟으며 비행기가 못 뜰지도 모른다는 불안한 마음을 안고 여정을 시작했다. 하지만 내 걱정을 비웃듯 신기하게도 공항의 활주로에는 눈이 하나도 쌓여있지 않았다. 만세!

　무사히 제주에 도착해서 숙소에 짐도 풀지 않고 처음으로 방문한 곳은 귤 체험농장. 나무에 달린 탱글탱글한 귤을 따서 바로 까먹는 맛이란! 더는 못 먹겠다 싶을 만큼 귤로 배를 채우고도 두 바구니 가득 귤을 담아 왔다. 숙소에 도착해서는 남은 14일 동안의 일정에 관해 이야기하며 행복하게 첫날을 마무리했다.

둘째 날, 제주도 산지에 대설 특보가 발령되었다. 우리 숙소가 위치한 곳은 지도상에서 바다와 한라산 정상 딱 중간에 위치한 곳이었는데 산길을 지나야 했고 오르막길이 많은 곳이었다. 산지 대설 특보에 영향을 받는 지역이었는지 아침에 일어나 보니 눈이 꽤 쌓여있었다. 눈길에 운전하다가 오르막길에서 오도 가도 못한 경험이 있었던 터라 일정을 다음으로 미루는 게 어떻겠냐고 아이들을 설득해 보았다. 하지만 제주 일정 중 제일 기다렸던 실내 암벽등반이 그날 잡혀있어서 둘째는 무조건 나가야 한다고 고집을 부렸다.

"이따 올라올 때 고생해도 엄마는 책임 안 진다."

(그 책임은 결국 돌아오는 길에 셋이 한꺼번에 지게 되었지만)

실내 암벽등반을 마친 후 이제 엄마가 가고 싶은 곳으로 갈 거라고 선전포고를 했다. 흑돼지로 아이들의 주린 배를 달래주고 방문한 곳은 달리 책방. 북카페를 겸한 서점이었다. 아이 한 명쯤은 가뿐히 날려버릴 듯한 거센 눈보라를 헤치고 서점문을 열자 사장님이 반갑게 맞아주셨다. 책방은 구매용 책과 전시용 책이 따로 있었는데, 음료 한 잔을 주문하면 2시간 동안 전시용 책을 마음껏 읽을 수 있었다.

"어머, 가지고 오신 책이 모두 사인이 적힌 책들이네요!"

계산하려고 내밀었던 책의 표지를 넘겨보니 두 권 모두 책방에 다녀가신 작가님의 사인이 적혀있었다. 사고 싶었던 책들이 딱 한 권씩 남겨져 있어서 구입하려고 들고 갔는데 운 좋게 모두 사인본이었던 것.

마침 나태주 시인님의 시를 가사로 한 정밀아의 '꽃'이라는 노래가 흘러나왔다. 이 시로 노래를 만들어도 될지 허락받기 위해 시인님을 직접 찾아갔다는 정밀아 님의 일화를 음악의 숲에서 들은 적이 있다. 시로 노래를 한다니. 참 낭만적이다.

책방에 앉아서 읽을 책을 고르기 위해 전시된 책들을 천천히 둘러보다가 김소연 시인님의 '마음사전'을 들고 자리를 잡았다. 좋아하는 노래를 들으며 조용히 책을 읽고 있자니 마음이 고요해졌다. 책방 소개를 문 앞에 간단히 적어두거나 판매용 책이 있는 공간에 안내 문구를 놓아두어도 괜찮을 텐데… 오시는 손님들께 책방 이용방법을 하나하나 설명해 주시는 사장님의 모습이 참 다정했다. 전시용 책 앞에 책 소개를 손글씨로 적어서 붙여두신 것이나 책 속에 연필로 단어의 뜻을 메모해 두신 것에도 사람 냄새가 흠뻑 담겨있었다.

"때로 소망은 조금씩 옷을 젖게 하는 가랑비처럼 소리 없이 우리 곁에 와 있곤 한다. 그렇기 때문에 소망은 이루어 냈다는 자각이 크지 못하다. 다만, 다른 소망을 품고 있는 자기 자신을 발견했을 때 예전의 소망이 벌써 이루어져 있음을 알아챈다. 그에 비하면, 희망은 이루어졌을 때의 자각이 분명할뿐더러 희열을 가져오기도 한다. 희열이 가라앉은 후, 내내 품어왔던 희망을 이루고 난 후, 이제는 어떤 희망으로 살아가야 할지를 모른다. 희망은 그래서 독한 허무를 자식처럼 품고 우리에게 오는 것이다."

– 김소연, 마음사전 (2008)

마음에 있는 감정을 이렇게 상세히 설명하는 게 가능한 일이었던가. 소망(어떤 일을 바람. 또는 그 바라는 것)과 희망 (1. 어떤 일을 이루거나 하기를 바람. 2. 앞으로 잘될 수 있는 가능성)의 사전적 의미엔 별로 다른 점이 없는데 '마음사전' 안에서는 확연히 달랐다. 이기심과 자기애가 만들어내는 연대감의 차이에 대해 격하게 공감했고, '기대'에 대한 고찰을 읽을 때는 마치 내 마음을 들킨 것 같은 기분을 느끼며 홀린 듯 책을 읽어 내려갔다.

책에 푹 빠져있던 나와는 달리 안타깝게도 앞에 앉아있던 두 아이는 핸드폰 게임에 푹 빠져있었다. 게다가 둘째는 세 시간 전에 격하게 암벽등반을 한 여파로 꾸벅꾸벅 졸기까지

했다. 결국 계획했던 코스의 마지막 장소인 핸드드립 커피 전문 카페에서는 예가체프 커피를 테이크아웃하는 걸로 만족해야 했다. 하얀색과 나무색으로 가득한, 내 취향 저격이었던 그 카페를 금방 떠나는 게 너무 아쉬워서 커피를 내리는 몇 분 동안 바리스타 님과 이야기를 나누었다. 1층에서는 커피를 내리고, 2층에서는 책을 읽을 수 있는 북카페를 차리는 게 노후에 내가 이루고 싶은 꿈이라는 시답지 않은 TMI에도 다정하게 응답을 해주셨다. 제주도는 원래 이렇게 사장님이 다들 다정하신가. 흑돼지 식당 사장님도, 책방 사장님도, 그리고 이 카페 사장님(사실 사장님은 최진영 작가님이라고 했지만)까지 말투에 정겨움과 따뜻함이 배어있었으므로. 바깥은 얼음장같이 찬 바람이 쌩쌩 불고 있었지만 들어서는 곳마다 따뜻함으로 마음이 가득 채워졌다.

다이소 쇼핑을 실컷 하고 숙소로 돌아가는 길이었다. 유독 숙소 앞은 어두웠고 아침에 나올 때보다 눈이 더 많이 쌓여있었다. 새로 산 지 1년이 채 안된 SUV의 '스포츠 모드'를 믿어보기로 하고 천천히 올라가기 시작했다. 헉, 중간에 차가 미끄러지며 더 이상 위로 올라가지 못했다. 그렇게 몇 번을 올라가려다 뒤로 미끄러지는 상황이 반복됐다.

'이렇게 길 한복판에 갇히는 건가. 아이들은 어쩌지. 누구

한테 연락해야 하지…'

온갖 생각들이 머릿속에 가득 찼다. 살아야 하니 방법을 찾아야 했다. 조금씩 후진을 하다가 다행히 텅텅 비어있는 주차장을 한 곳 발견했다. 주차가 가능한 곳인지 확인 후 안전하게 주차를 했지만 여전히 손은 덜덜 떨렸다. 숙소는 주차장으로부터 언덕 위로 250미터를 걸어 올라가야 있었다. 게다가 전날 미처 다 옮기지 못한 짐들도 산더미였다. 어쩔 수 없이 아이들과 짐을 나눠 들고 등산을 시작했다. 길은 미끄러웠고 여전히 눈발도 날리고 있었다. 고맙게도 아이들은 불평 한마디 없이 각자의 짐을 묵묵히 들고 숙소로 향했다. 내가 옮기던 짐수레의 바퀴가 눈길에 푹푹 빠지는 바람에 가다 서기를 반복해야했지만 아이들은 눈을 맞으며 나를 기다려 주었다. 그렇게 한참을 걸어 숙소에 도착한 우리는 꿀맛 같은 닭발 양념구이를 배 터지게 먹었다.

다음 날은 하루 종일 숙소 밖을 나가지 않았다. 숙소에 머무르던 고양이 세 마리가 우리의 친구가 되어주었다. 제주에 오면 뭔가 특별한 것들을 해야 한다는 생각으로 무리한 일정을 잡았던 게 잘못이었다. 그날에야 깨달았다. 그저 조용히 눈 내리는 창밖 풍경을 보며 고양이들에게 츄르를 먹이는 것도 우리에겐 소중한 추억이 될 수 있다는 것을.

캠핑예찬

    2015년부터 한겨울을 제외하고 한 달에 한두 번씩은 꼭 불멍하러 캠핑을 떠난다. 주말에 바쁜 남편은 함께하지 못할 때가 많았다. 혼자 아이들을 데리고 캠핑을 다니다보니 대형타프를 치거나 장작에 불을 피우는 것은 어렵지 않게 해낸다.

    작은 아반떼에 그 많은 짐을 다 구겨 넣으려면 고도의 테트리스 기술이 필요했다. 처음엔 트렁크와 뒷좌석에 짐들을 차곡차곡 넣는 것만으로도 충분했다. 횟수를 거듭할수록 짐이 하나씩 늘어났고, 차 위에 올리는 루프백을 구입하기에 이르렀다. 동행하는 다른 팀이 있는 날에는 다들 입을 모아 "어떻게 이 많은 짐이 저 작은 차에 다 들어가요?"라고 물어보곤 했다. 그러기 위해서 아이들은 캠핑장에 가는 내내 좁은 뒷좌석에서 다리 한 번 펴지 못하고 짐과 함께 구겨져서 이동해야 했다. 그 정도 불편쯤은 흔쾌히 감수할 만큼 아이들도 캠핑을 좋아했다. (결국 1년 전, SUV 차량을 구입했다)

캠핑장에 도착하면 바로 타프와 텐트를 치고 살림을 준비해야 하기 때문에 아이들에게 신경을 써줄 겨를이 없다. 아이들은 자연스레 알아서 둘이 노는 법을 찾아다녔다. 캠핑을 시작했을 무렵 둘 다 미취학이었던 아이들은 캠핑장에 도착하면 모래 놀이터에 사이좋게 앉아서 개미를 잡았다. 작은 통에 개미를 잡아두고 관찰하다가 나중에 다시 놓아주었다. 혹시라도 놓아주는 것을 깜박하는 날엔 수십 마리의 개미들이 뜨거운 햇볕 아래서 운명을 달리했다. (미안해 개미야…)

아이들이 자라니 더 많은 놀이가 가능했다. 갯벌이 있는 캠핑장에 가면 집게로 작은 게를 잡거나 조개를 캤다. 잡아 온 게들은 튀김이 되었다. 일부러 돈을 내고 고구마 캐기 체험이나 달걀 줍기 체험, 미꾸라지 잡기 체험을 하기도 했다. 사회성이 특출난 둘째는 주변 텐트의 또래들을 사귀는 데 30분이 채 걸리지 않았다. 밥때가 되어 찾아다니다 보면 다른 집에서 밥을 얻어먹고 있을 때도 많았다.

보통은 캠핑장에서 고기 구워 먹는 것을 빼놓으면 서운하다고 하겠지만 우리는 아침에 콩나물밥이 빠지면 서운하다. 콩나물을 넣고 밥을 지은 뒤, 작게 자른 스팸과 참기름, 간장을 넣어 비벼먹는다. 집에 있을 때 라면은 일주일에 한 번밖에 못먹는 특식이지만 캠핑장에서는 아무 때나 원하면 먹도록 허락해 준다. 밤이든 낮이든 가릴 것 없이, 아무 때나 자연스럽게 맥주를 꺼내 마셔도 이상해 보이지 않는 것도 캠핑을 좋아하는 이유 중 하나이다.

5시쯤이 되면 숯과 장작에 불을 지핀다. 고기나 조개를 구워 먹고 불이 작아지면 은박지로 싼 고구마를 구석구석 집어넣는다. 그때부터 불멍이 시작된다. 타닥거리는 장작 소리를 들으며 커졌다 작아졌다 하는 불꽃을 보고 있으면 일상의 고민과 잡생각들이 머릿속에서 지워진다. 복잡한 생각을 정리해 주기도 하지만, 불꽃이 사그라들고 빨간 불씨들만 남았을 때 마른 장작을 하나 넣으면 금세 또 활활 타오르는 생명력 때문에도 불멍을 좋아한다. 열정적으로 타오르다 어느새 불꽃이 작아지고 마른 장작 하나로 또다시 생기가 도는 모습이 꼭 나를 닮아서다. 가만히 장작을 보고 있으면 사그라드는 불씨가 마음 아파서 자꾸 마른 장작을 넣게 된다. 타오르는 불꽃이 보고 싶어서 자꾸 캠핑을 오게 된다.

사람들이 잠자리에 들기 시작하는 11시쯤이면 다른 텐트에서 이야기하는 소리는 거의 들리지 않고 오롯이 불과 맥주만이 함께하는 나만의 시간이 주어진다. 화장실 앞 이외에는 가로등도 없는 한적한 캠핑장에 가는 날이면 깜깜해진 하늘에서 반짝이는 많은 별들을 볼 수 있다. 아, 그때가 바로 천국이다. '그래. 이 순간을 위해서 내가 그 많은 수고를 마다하지 않고 여길 오려고 한 거였지…'하며 그 순간의 행복을 만끽한다.

아무런 연습도 아무런 훈련도,
아무런 준비도 되어 있지 않지만
나는 다음이 두렵지 않다.
두렵지만, 그 두려움보다 더 큰 것은
다음이 있다는 믿음이다.

관계의 숲

추천사의 그녀

어렸을 때부터 부드럽지 않은 말투 때문에 자주 오해를 받았다. 조금 시간을 두고 친해지다 보면 마음은 그렇지 않다는 걸 알게 되지만 그런 시간을 가질 수 없었던 사람들과는 오해가 쌓인 채로 관계를 끝내야 할 때도 많았다. 그런 일이 반복되자 자꾸 사람들의 눈치를 보게 되었다. 어떤 말을 하고 나서 집에 돌아와 내가 한 이야기 때문에 혹여나 그 사람이 기분이 상한 건 아닐까 자주 걱정했다. 관계에 문제가 생기면 늘 심한 자책이 뒤따랐다. 남는 건 상처뿐이었다. 하지만 사람들과의 관계에 상처받을 때마다 결국 사람들의 마음으로 치유되곤 했다.

가끔은 그런 나를 오래 겪지 않고도 금세 파악하는 사람들이 있다. 얼마 전에 가까워지게 된 Y도 그중 한 명이었다. Y는 극 E성향[28]을 가진 사람이었다. 대학교 때 밴드 동아리

---

28 MBTI에서 외향적인 성향을 말한다.

에서 보컬을 담당했다는 Y는 '외향적이다'라는 말이 사람으로 태어난 게 아닐까 싶을 정도로 밝은 에너지를 온몸으로 내뿜고 있었다. Y는 내가 팬카페 매니저를 하고 있다는 이야기에 호감을 보였다. 노래와 덕질이라는 화두로 급격히 친해진 우리는 다음 날부터 학교에서 지나칠 때면 누구보다 친근하게 인사를 나누었다. '고막소년단[29]' 이야기로 같이 주접을 떨 수 있는 직장 동료가 생겼다는 사실에 출근이 즐거워졌다. 생일 카페에서 쓰고 남은 종이컵을 갖다주었더니 Y는 그 컵을 책상 위에 고이 전시해 두었다.

이 학교를 떠나기 전, 마지막으로 아이들에게 좋은 추억을 남겨주고 싶다는 생각이 들었다. Y에게 1월에 있을 축제에서의 합동 공연을 제안했더니 반색하며 꼭 함께 노래하고 싶다고 했다. 보컬 한 명과 기타 한 명, 피아노 한 명의 학생 멤버도 섭외했다. 우리 다섯 명은 며칠 동안 머리를 싸매고 셋 리스트를 고민했다. 그 결과 위로라는 테마로 '하루의 끝-내가 니편이 되어줄게-도망가자'의 셋 리스트를 완성했다. 휴일에 연습실까지 빌려 가며 최선을 다해 준비했지만 결론부터 말하자면 나는 무대에서 염소가 되었다. 전에도 많은 공연을 해봤지만 이 정도로 떨었던 적은 없었는데…

29 카카오엔터테인먼트 소속 5인조 보이그룹. 동명의 카카오TV 오리지널 예능으로 결성되었다. 2022년 11월 22일 디지털 싱글 '단거'로 데뷔했다.

그럼에도 관객들은 폭발적인 호응을 보내주었다. 친하게 지내던 여자아이 두 명은 내 노래를 듣고 같이 울었다며 부은 눈으로 나에게 미소를 보냈다.

성공적(?)으로 무대를 마친 뒤 함께 공연했던 멤버들과 회식을 했다. 모듬 곱창 7인분과 볶음밥 2인분, 분홍 소시지가 들어있는 옛날 도시락까지 다 비우고 나서야 회식 1차를 마무리했다. 아이들을 보내고 나와 Y는 근처 수제 맥줏집에서 세 시간이 넘게 대화를 나누었다. 놀랍게도 Y는 이름만 얘기하면 알만한 가수와 오랜 친분이 있는 사이였고, 나의 최애와 같은 소속사에 있는 가수와도 아는 사이였다. (세상 정말 좁다) 많은 사람들 틈에서 그렇게 세상 유쾌하고 발랄하던 Y는 나와 둘만 있던 그 시간 동안은 너무나도 진중했고, 내 이야기를 경청하며 몇 번이나 눈물을 흘렸다. 어떤 부분이 그렇게 Y의 심금을 울렸는지는 잘 기억나지 않는다. 단 하나 확실했던 건 Y가 내 이야기에 깊이 공감하고 있다는 것이었다. Y는 내가 글쓰기에 취미가 생겼다는 이야기에 놀라며 자신도 글쓰기에 관심이 있다고 했다. 내가 썼던 글 몇 개를 보여주었더니 또다시 눈물을 보였다. 나에게 참 좋은 엄마이고 본받고 싶은 교사라고 했다. 자주 글을 보여주고 싶어졌다.

시간이 지날수록 글쓰기에 자신이 없어지고 어떻게 하면 잘 쓸 수 있을지에 대한 고민이 깊어져갔다. 덕질 에세이를 써보겠다고 자신만만하게 시작했지만 교사와 엄마로서의 이야기가 섞이면서 주제가 불명확해졌다. 방향 설정을 위해 '아무튼, 아이돌'이라는 책을 읽어보았다. 화려한 문체에 사로잡혀 순식간에 완독했다. 책 속에 등장하는 여러 명의 아이돌은 작가로 인해 더욱 빛났다. 내가 쓴 글을 다시 들여다보니 초라하기 그지없었다. 내가 성급하게 쓴 글로 인해 글 속에 등장하는 그가 초라해 보이지는 않을까, 그의 이미지가 사실과 다르게 비치면 어쩌나 걱정이 된다고 얘기했더니 Y는 이렇게 대답했다.

"쌤은 덕질하는 연예인보다 '덕질을 통해 찾은 나'라는 부분에 초점이 더 있는 글을 쓰셨어요. 어떻게 그에게 빠지게 됐고 내 삶에 그 사람이 어떤 위치에 있는지. 그 모든 이야기의 초점에 쌤이 중심이고, 그는 가장 빛나는 조연일 뿐이에요. 그러니까 그런 부분에서 비교하지 말아요. 아셨죠?"

Y에게 지금까지 썼던 글들을 모아서 파일로 보내며 추천사를 하나 부탁했다. 너무 다듬어지지 않은 초안이라 부끄럽다는 이야기와 함께. 새벽 한 시, Y는 마음이 흩어지기

전에 썼다며 마음에 꼭 드는 추천사를 써서 보냈다. 어쩌면 나보다 더 내 글과 그 안에 담겨있는 마음을 잘 이해한 게 아닐까 싶을 정도였다. 책이 완성되면 Y에게 꼭 선물해야 겠다. 또 어떤 감상을 남겨줄지, 그 감상으로 내가 또 어떤 영감을 얻게 될지 한껏 기대하며.

아기 어스들

#1

2021년 1월, 음악의 숲 다시 듣기에 한창 빠져있던 나는 수기집 멤버들을 초대하여 '추억의 숲'이라는 라방[30]을 하곤 했다. 숲디 대신 쌤디가 되어 음악의 숲 시그널 음악을 틀어놓고 직접 쓴 오프닝을 읽어주었다. 멤버들에게 미리 사연과 신청곡도 받았다. 저마다의 사연은 재밌기도, 슬프기도, 아련하기도 했다. 숲디에게 사인을 우편으로 받았던 사연, 사춘기의 오락가락하는 감정을 어찌 다스려야 하는지 고민하는 사연, 그리고 집에 여러 가지 힘든 상황이 한꺼번에 겹쳐서 힘들어하는 진지하고 무거운 사연까지. 나는 숲디처럼 사연을 읽고 바로 답변을 해줄 능력이 안 되었으므로 그 사연들에 맞는 답변 멘트를 미리 적어두었다가 사연을 다 읽은 후 공감 가득한 나의 이야기를 들려주었다.

털어버리고 싶은 속상한 일이나 슬펐던 일에 대해 추억의 숲에서 함께 이야기하자고 했던 날이었다. 오프닝으로 아이가 뱃속에 있을 때 '건강하게만 태어나다오'라고 생각했던 초심을 점점 잃어간다는 얘기를 썼다. 첫째에게 또 화를 내버렸다고, 늘 화내고 반성하고의 연속이라고…

일 욕심도 많고 늘 인정욕구에 목말라 있어서 야근이 잦았다. 넘치는 호기심 때문에 집에 오면 집안일이 아닌 다른 것들을 하느라 바빴다. 아이들에게 좋은 엄마가 아닌 것 같다는 생각에 죄책감이 들면서도 내가 좋아하는 일을 놓치고 싶지 않았다. 중2, 고1이었던 두 아기 어스는 매번 라방 때마다 빠짐없이 참여하곤 했는데 이날 나에게 이렇게 톡을 남겨주었다.

아기 어스 1: 오늘 어머니가 정말 오랜만에 친구분들과 만나서 화장을 하고 놀러 가셨는데 화장을 너무 오랜만에 했더니 시간이 엄청 걸리더라, 주변에서 화장한 모습 보니까 너무 예뻐 보인다는 말을 들었다, 이런 말씀을 하셨어요. 엄마도 그냥 섬에서 올라온 한 예쁜 소녀이셨을 뿐인데 제가 감히 엄마가 자신을 꾸미는 것마저도 막은 것 같아 죄송했어요. 이제 주름이 하나 둘 늘어가시는데 엄마의 30대를 제가 몽땅 쓴 것 같아서 우울하기도 했어요. 엄마는 정말 헌

신적이셨거든요. 저는 만약에 엄마가 저랑 언니 때문에 하고 싶은 걸 못 하셨다는 사실을 나중에 알게 되면 너무 힘들 것 같아요. 엄마가 티는 내지 않으셨지만 저를 위해 포기하신 게 많다는 걸 깨달은 순간부터 그게 뭔가 죄스럽더라고요. 함께님이 하고 싶은 걸 하시면서 동시에 모든 걸 완벽하게 해내실 수는 없겠지만 그런 와중에도 함께님은 아이들에게 완벽한 어머니이세요!

아기 어스 2: 저두 하고픈 게 너무 많아서 고민이었는데… 아예 열정 없이 지내다 보면 하루가 그냥 암 것도 안 한 것 같구 왠지 틀 안에 갇혀있는 느낌이랄까요. 오히려 더 힘들더라구요! 어릴 땐 몰랐지만 어무니 아부지 못한 게 있었다, 하고 싶었다 말씀하실 때면 맘이 아파요. '지금이라도 저 신경 쓰지마시구 하고 싶은 거 하셔요' 라고 말씀드려도 '너 다 커서 할게!' 하시는데… 진짜 함께님 하고 싶으신 거 다 하셨음 좋겠어요!

#2

매일 팬카페에 꾸준히 올리던 음악의 숲 오프닝 클립에 정성스레 댓글을 남겨주는 아기 어스(B, 그 당시 중3)가 있었다. 오프닝을 올려줘서 하루의 마무리가 즐겁다고, 늘 고맙다고 말해주는 아이였다. 댓글을 읽으면 마음이 따뜻해지고 저절로 미소가 지어졌다. B는 나이에 비해 생각이 깊고 공감 능력이 뛰어났다. 직업병 때문인지 아기 어스들에겐 좀 더 마음이 쓰였다. 내가 기타를 배우기 시작했을 무렵 B도 기타에 관심이 있던 터라 자주 이야기를 나누는 사이가 되었다.

팬카페 운영에 어려움이 생겨 마음이 답답했던 어느 날, 일기를 쓰고 친한 덕친들에게 공유했다. B도 그 중 한 명이었다.

예전만큼 북적이지 않을 거라는 것

아무리 기다려도

그 아이는 아마 한참 동안

어쩌면 앞으로 계속 안 올지도 모른다는 것쯤은

알고 있었다

하지만 예상했다고 하더라도

예상했던 일을 실제로 겪었을 때의 무력감이

덜어지는 것 같지는 않다

예상했던 일을 그대로 겪으면서도

앞으로 나아가야만 하는 내 위치의 무거움을

그저 오늘도 한 번 더 실감할 뿐

배가 고픈 것보다

마음이 고픈 게 더 참기 힘들다

배고픈 건

내일 아침이면 나아질 거고

내 의지로 해결할 수 있는 문제이지만

마음이 고픈 건

언제 나아질지 기약 없는 기다림이

내 의지와 상관없이 계속되어야 하므로…

– 2022.11.16. 일기

B는 조용히 개인톡을 보내왔다. 지금 상황은 힘들더라도 언젠가는 예전처럼 돌아올 거라고, 내가 지금보다 덜 힘들었으면 좋겠다고. 누구라도 할 수 있는 위로였지만 내 일기를 보고 마음을 헤아려 조용히 작은 위로를 보내준 그 마음이 너무 고마웠다. 그 뒤로도 내가 카페 운영에 어려움을 겪을 때마다 어김없이 힘이 되는 댓글을 남겨주곤 했다. 어쩌면 B에게는 그게 나를 위해 자신이 할 수 있는 최선이었을 테니.

내 전용 상담사가 되어주겠다던 B는 그 후 매일 밤늦도록 시험공부에 열중하는 것 같았다. 시험이 끝난 후 보내온 톡에는 애교가 잔뜩 묻어있었다.

"헤헤. 저 오늘 시험 끝났는데 7과목 중에서 수학만 100점 받고 왔써용!! 그냥 말하고 싶었습니다. 크하하~ 콘서트 즐겁게 다녀올 수 있겠어요~ 얼른 뵙고 싶어요옹~"

수학이 제일 재밌다는 아이. 행복한 덕질을 위해 자신의 역할에 최선을 다하는 아이. 어떤 그룹에 있어도 분위기 메이커 역할을 하는 아이. 누군가의 이야기를 들어주고 그 사람에게 위로가 되어주는 게 너무 좋다는 이 아기 어스를 난 앞으로도 계속 사랑하게 될 것 같다.

다음이 있다

그가 진행했던 '음악의 숲'에는 시인분들과 작가분들을 초대하는 〈음악의 숲 초대석〉이라는 코너가 있었다. 평소 시를 좋아하지 않았는데 이 코너에 나오셨던 시인분들의 이야기를 들으니 시와 에세이가 가깝게 느껴졌다. 오은 시인님을 처음 알게 된 것도 이 코너를 통해서였다. 특유의 유쾌한 성격으로 한 시간 내내 즐거운 시간을 선사해 주셨던 시인님의 글이 궁금해지기 시작했다.

공연이 귀하고 귀했던 2021년 6월의 어느 날. 소소살롱이라는 프로그램에서 시인님과 그가 함께 시토크를 하게 되었다. 소소살롱은 예술가와 예술가의 만남이라는 주제로 관객과 소통하는 소중한 자리였다. 시인님은 시를 쓰기 시작하게 된 에피소드를 이야기 해주셨고, 그는 음악을 시작하게 된 계기가 되었던 'no surprises'라는 노래를 기타 연주와 함께 라이브로 들려주었다. 그는 시인님을 '은이형'이라고 불렀는데 그 호칭이 참 다정하게 들렸다. 한 시간 내내 따뜻한 기운이 공연장을 가득 채웠다. 집에 돌아와 시인님의 책을 여러 권 주문했다.

"아무런 연습도 아무런 훈련도, 아무런 준비도 되어 있지 않지만 나는 다음이 두렵지 않다. 두렵지만, 그 두려움보다 더 큰 것은 다음이 있다는 믿음이다. 지금까지 쌓아온 지식과 살아온 경험을 나는 믿는다. 두 번은 없다. 그러나 다음이 있다. 다음은 있다. 그리고 분명, 다음에만 할 수 있는 것들, 다음이라 비로소 가능한 일들이 있을 것이다."
– 오은, 다독임 (2020)

새로운 도전을 좋아하지만 나이가 들수록 실패가 두려워서 또는 주변의 시선이 불편해서 시작을 망설인 적이 많았다. 다독임을 읽다가 만나게 된 '다음이 있다'라는 말은 새로운 시작을 하는 데 큰 용기가 되었다. 그리고 글을 쓰기 시작했다.

22년 2월. 용인의 작은 서점에서 '살아진다고 느껴질 때'라는 주제로 오은 시인님과 함께하는 북토크가 있었다. 더 많은 이야기를 듣고 또 다른 용기를 얻고 싶어서 북토크에 참여했다. 서점에는 20명이 채 안 되는 사람들이 모여 시인님의 이야기를 기다리고 있었다. 내가 앉은 자리 2미터 앞에서 이야기하던 시인님은 소소살롱에서보다 훨씬 더 친근하고 가깝게 느껴졌다.

시인님께 질문을 할 수 있는 시간이 있어서 다른 사람들이 공감할 수 있는 글을 쓰기 위해 어떻게 해야 하는지 여쭤봤다.

"나보다 약하고 어리고 아픈 사람들에게 공감하는 연습을 해보세요."

다른 사람이 내 글에 공감해 주길 바란다면 내가 먼저 다른 사람에게 공감을 해주는 것부터 해야 하는 거였다. 다른 사람이 쓴 글을 많이 읽어야 나도 글을 잘 쓰게 되는 것처럼.

북토크가 끝나고, 작가님께 책 앞면에 사인을 받으면서 학교로 강의를 와주실 수 있는지 여쭤보았다. 그리고 두 달 후, 작가님을 전 교직원 대상의 북토크 강의에 모실 수 있게 되었다. 학교에서 쉽게 접할 수 없는 '시인과의 만남' 북토크는 다른 선생님들께도 꽤 호응이 좋았다. 작가님과 찍은 사진을 SNS에 올렸더니 '승환이가 맺어준 인연'이라는 문구를 붙여 리그램을 해주셨다.

이어지는 인연. 그 인연으로 그 후에도 학부모님을 대상으로 하는 북토크에 한 번 더 모실 수 있었다. 시인님의 이야기에 공감하고 함께 웃으며 즐겁게 북토크 시간을 보낸 학부모님들은 강의가 끝나자 줄을 서서 책 앞면에 사인을 받아 가셨다. (시인님의 정성 가득한 사인은 정말 너무 예쁘다)

강의가 끝난 후, 내가 쓰고자 하는 덕질 에세이에 대한 이야기를 나누었다. 10년 안에 책을 출판하는 게 꿈이라고 했더니 5년 안에도 출간할 수 있을 거라고 용기를 주시며 아직 기억이 생생할 때 내가 가지고 있는 이야깃거리들을 모두 기록으로 남겨두라고 하셨다. 그 길로 집에 돌아와 딸들과 함께했던 덕질 여행들(흔히 말하는 성지순례 같은 것들)과 같이 다닌 공연들, 덕질을 시작함으로 인해서 스테이씨를 좋아하는 첫째 딸과 공감대가 형성되었던 여러 가지 이야기들을 목차로 써보았다. 2년이 조금 넘는 시간 동안 아주 많은 이야기들이 쌓여있었다.

시인님의 이야기 중에 가장 기억에 남았던 말은 올해가 시인님의 데뷔 20년째인데 시가 긴장감이 떨어지거나 예전에 썼던 시를 동어반복 하거나 다른 방식으로 자신의 색깔만 조금 입힌다거나 하는 경우에 시가 늙기 시작했다는 생각이 든다는 것. 그럴 때마다 주변에 이야기해달라고 부탁해서 지금까지의 편했던 길이 아니라 가시밭길로 새로 시작하려고 하고, 그 막막함과 어려움이 일을 계속할 수 있는 원동력이 된다고 했다. 글을 쓰기 위해 한글창을 새로 띄웠을 때 20대 초반에는 뭐든 채울 수 있는 가능성처럼 근사해 보였는데 지금은 뭘 쓸 수 있을까 어떤 걸 채울 수 있을까 걱정이 된다는. 하지만 가능성에서 불가능으로 변해버린 것 같았을 때의 첫 문장은 뭐든 쓸 수 있을 것 같았을 때의 첫 문장보다 훨씬 값진 것이라는 이야기.

경력이 쌓일수록 교사로서의 열정이 조금씩 줄어든다는 사실은 부정할 수가 없다. 그게 수업에 대한 열정이든 아이들에 대한 열정이든 '어느 정도만 적당히 하면 되겠지'하는 안일한 생각에 지배당하는 것처럼 느낄 때가 있다. 그게 싫어서 부전공 연수 듣기를 자청했고, 새로 개설된 인공지능 수학 수업을 하겠다고 나섰다. 그런 내 모습을 보고 주변의 누군가는 왜 일부러 가시밭길을 걸어가냐고 말하기도 하지만, 그렇게 새로운 무언가를 배우고 공부할 때 내가 아직 열정이 있는 교사라고 생각하게 된다. 정보컴퓨터 부전공 연수에서 배운 내용이 인공지능 수학 교재에 나오는 내용과 겹쳐진다는 걸 알았을 때, 둘 다 새로 공부하길 잘했다는 생각이 들었다. 그게 또한 두 가지를 모두 열심히 할 수 있는 원동력으로 작용했다.

내가 부르는 노래의 반주를 스스로 연주하고 싶어서 기타를 새로 배운 적도 있었다.[31] 처음엔 그 쉬운 A코드 잡는데만 한 시간이 걸렸다. 배운 지 한 달이 되어서야 C코드를 제대로 소리 내는 데 성공했다. 대학교 때 다들 한 번쯤 쳐봤다는 기타를 그 시절 배웠다면 훨씬 쉬웠을 텐데. 매일 30분씩 연습하라는 숙제를 꼬박꼬박 실천하지는 못했지만, 일주일에 3일 정도 꾸준히 연습했더니 두세 달이 지난 후에는 노래 한 곡을 완곡으로 연주할 수 있게 되었다.

배움을 늦게 시작해서 좀 오래 걸리더라도, 목표가 생기고 그걸 하나씩 이뤄나갔을 때의 성취감은 어렸을 때 쉽게 이뤘을 성취감보다 훨씬 더 값지다. 지금의 나는 그때의 나보다 훨씬 더 챙겨야 할 것들이 많아졌고, 그만큼 나 자신이 '원해서 하는 일들'을 '해야만 하는 일들' 뒤로 미뤄야 했으니까. 하지만 이제 작가님의 말씀대로 나를 좀 더 알기 위해 노력하고 나 스스로에게 성실한 사람이 되어야겠다. 그게 또한 내가 해야만 하는 다른 일들을 성실하게 해 나갈 수 있는 원동력이 될 거라 믿으며.

31 146페이지

자작곡은 못 만들었지만

2019년 겨울, 그가 음악의 숲에서 한동안 '올해 들었던 곡 중에 제일 가사가 마음에 들어왔던 노래'라며 자주 언급했던 노래가 있었다. 이주영의 '조금 늦은 이야기'. 그 후에도 그는 '눈이 내린다'라는 노래를 스토리에 올리고는 영화 '윤희에게'가 떠오른다며 그녀의 노래에 대한 애정을 표현하곤 했다.

2021년 8월, 예술쉼표라는 프로그램을 통해 이주영 님이 '나도 작사 작곡' 온라인 강의를 진행한다는 인스타 피드를 보게 되었다. 글을 쓰는 것과 작사를 하는 것은 어떤 차이가 있을지 궁금해서 강의를 신청했다. 줌(ZOOM)[32]으로 접속해서 4명이 노래 하나를 함께 만드는 수업이었다. 음악의 숲 〈인디 라디오 Live Forest〉 코너에 나왔을 때의 그녀는 순수하고 솔직했으며 위트가 넘쳤다. 수업에서도 그 매력은

32 온라인 화상 회의 플랫폼 중 하나.

여전했다. 첫 번째 수업에서는 각자의 생각과 마음을 써 달라고 했다. 그리고 우리가 쓴 글을 한데 모아 하나의 노래가 될 수 있도록 자연스럽게 이어주었다. 두 번째 수업에서는 코드에 관해 아무것도 모르는 수강생들을 위해 기본 화음부터 꼼꼼히 설명하며 천천히 작곡을 함께 진행해 주었다. 작곡한 음악의 멜로디를 잊어버릴 것 같아 반주를 녹음해달라고 부탁했더니 같은 코드이지만 여러 가지 스타일로 반주한 음원을 녹음해서 올려주었다. 그 세심함과 정성이 어찌나 감동이던지…

수업을 듣다 보니 코드 진행도 알고 싶고, 반주를 직접 연주하며 노래를 불러보고 싶다는 생각이 들었다. 피아노보다는 기타를 배우는 것부터 시작하는 게 좋을 것 같다는 그녀의 조언을 듣고 기타를 샀다. 한 달쯤 혼자 연습하다 보니 코드 잡는 건 독학이 불가능함을 알게 되었다. 결국 22년 1월, 서경대 실용음악과에 재학 중이던 선생님에게 기타 교습을 받기 시작했다. 기타를 배우기 시작했다고 자랑했더니 기타는 꾸준히 하는 게 중요하니 꼭 기초 연습 열심히 하라고 응원을 보내주었다. (응원이 무색하게도 지금은 기타보다 글쓰기가 좋아서 기타는 무기한 휴강 중이다)

궁금한 게 생기면 그녀에게 종종 DM을 보내곤 했는데 늘 친절한 답변이 돌아왔다. 수업을 들으면서 그를 덕질하고 있다는 것을 밝혔던 터라(어디서든 덕밍아웃[33]) 그녀는 내가 그의 열렬한 팬이라는 걸 이미 알고 있었다. 나는 그녀를 '차애님'이라고 불렀고, 그녀는 그 호칭을 좋아해 주었다. 차애가 되어 버린 그녀의 2집 앨범을 사고, 1집 앨범 LP를 듣기 위해 LP 플레이어도 구입했다.

22년 2월 어느 날 그녀의 인스타 피드.

'입춘대길 건양다경, 원하시는 분 화선지에 먹 갈아서 써 드림'

나는 곧바로 댓글을 남겼다.

'저요! 저 갖고 싶어요~ 어디로 가면 되나요?'

'댁으로 직접 보내드립니다.'

일주일 후, 그녀는 주소를 물어보더니 정말로 화선지에 적은 '立春大吉 建陽多慶'을 집으로 보내주었다. 한 번 더 그녀에게 반해버리는 순간. 이런 게 팬 서비스구나.

"저 완전 성덕인데요?"

"이 정도로 성덕이라니 저도 성공한 인생이네요."

그리고 3월, 드디어 오프 공연에서 그녀를 만났다.

---

33 덕질과 커밍아웃의 합성어.

공연은 경희궁 근처의 복합문화공간 '에무'라는 곳에서 이루어졌다. 공연을 시작하기 전, 손편지를 전해주려고 그녀에게 다가가 인사를 했다. 온라인 수업으로 이미 얼굴을 익혔던 우리여서 그녀는 금세 나를 알아봐 주었다. 함께 사진도 찍고, LP에 사인도 받았다. 30~40명 남짓의 관객이 야외에 깔린 의자와 카페테라스에 자리를 잡고 공연을 관람했다. 오픈된 공간이었으므로 언덕 위에서 노랫소리를 듣고 발걸음을 멈추는 사람도 있었다.

첫 곡 '보고싶다고'를 듣고 있는데 가사와 목소리에 마음이 자꾸 울컥했다. (첫 곡부터 울리는 거 반칙)

"고개를 들면 나무가 바람에 흔들려

그 사이에 앉아서

너를 생각했었어

바람이 불면 내 마음이 자꾸 흔들려

그 사이에 앉아서

오래 생각했었어

보고 싶다고"

– 이주영, 보고싶다고 (2021)

노래를 듣고 있는데 바람이 자꾸 나무를 흔들었다. 바람에 흔들리는 나뭇잎들 소리가 피아노 반주에 섞여들어 노래와 하나가 된 듯했다. 바람 때문이었는지 눈이 부셔서였는지 눈물도 조금 났다.

'눈이 내린다'라는 곡은 뒷부분에 이아립님의 피처링이 있는데 그 부분을 함께 불러줄 친구가 필요하다고 했다. 요청에 아무도 응답해 주지 않으면 민망할 듯하여 조심스레 손을 들었다. 무대에 나가서 마이크를 건네받았는데 그때부터 손이 마구 떨리기 시작했다. 무대 수전증이라는 게 있는 건가 싶을 정도로 심하게 떨려서 피처링 도입부에 가장 중요한 "안녕"의 음정을 틀려버렸다. (이런… 하필 내가 제일 애정하는 단어 '안녕'이라니) 나머지 부분을 무사히 부른 뒤, 터질 것 같은 심장을 부여잡고 남은 공연을 관람했다. '조금 늦은 이야기'도 불러줬는데 "이 노래는 정승환님 팬분들 사이에서 히트곡이었다"며 '정승환님 참 고마운 분'이라고 언급해 주었다. 역시 센스쟁이! 공연이 끝난 후 그녀는 내 덕분에 노래가 빛났다며 고마움을 표현했다. 옥상에서 누군가가 찍어준 공연 투 샷도 보내주었다. 또 하나의 추억이 생겼다.

11월에 있었던 그녀와 권나무님의 합동 공연에는 둘째를 데리고 갔다. 그날도 '눈이 내린다'를 함께 부를 친구를 구

했는데 아무도 지원하지 않아서 한 번 더 손을 들었다. 이번
엔 뒷부분 코러스까지 부르며 떼창유도를 도왔다. 앞 순서
였던 그녀의 공연이 끝난 후 둘째는 가방에 있던 빼빼로를
꺼내 '맛있게 드세요'하고 손글씨를 써서 그녀에게 건넸다.
둘째는 내가 무대에서 노래를 부른 게 좋았다고 했다. 아이
에게 멋진 엄마의 모습으로 기억될 한 장면을 더해준 소중
한 시간이었다.

  자작곡을 만들어 보겠다는 원대한 꿈을 가지고 작사 작
곡 수업을 듣기 시작했다. 내 손으로 작곡을 해보고 싶어서
기타 교습도 10개월이나 받았지만 지금의 연주 수준은 기
본적인 코드만 잡을 줄 아는 정도에 그쳐있다. 그녀의 노래
를 기타로 직접 연주하며 불러보겠다고 큰소리쳤는데 아마
그 약속은 시간이 좀 더 지나야 지킬 수 있을 것 같다. 자작
곡을 만들겠다는 꿈은 여전히 마음속에 품고 있으니 언젠가
내가 만든 곡을 그녀에게 들려줄 날이 오기를 기대해본다.

사회생활은 어떻게 하는 거지?

사람을 너무 좋아하고 쉽게 상처받는 나에게 동료나 주변 사람들과의 관계는 사회생활에 있어서 최대 난관이었다. 직장에서 만나게 된 사람들은 내 행동을 의도와 다르게 받아들일 때가 많았고, 열심히 해보려고 물불 안가리고 시도했던 일들은 역효과를 냈다. 불의를 보면 참지 못하는 성격이라 다른 사람들이 겪는 불의에 내 일처럼 목소리를 높이다가 따가운 시선을 받은 적도 많았다.

벽화동아리 활동을 하며 우리 반 옆 교실 경계를 조금 넘은 복도 벽까지 페인트를 칠했다가 그 반 선생님께 뒷담화를 듣기도 했고, 나를 많이 믿고 따르던 아이를 편견으로 대하시던 다른 선생님께 아이를 변호하다가 선배 교사에게 막 대하는 교사의 이미지가 생기기도 했다. 학급 아이들과 함께 교내 체육관에서 진행한 캠핑으로 다른 반 담임 선생님들께는 원망을 샀고 학부모님께는 민원을 들었다. 환경미화 심사를 대비하여 반 아이들과 함께 나뭇잎을 하나하나 접어가며 게시판 한가득 나무를 만들었는데 심사 규격에 맞지 않으니 다 떼어내라는 교감 선생님의 말씀에 다른 선생님을 붙들고 엉엉 울었던 적도 있었다.

과유불급. 뭐든지 과하면 부족한 것만 못하다고 했던가. 교사 생활을 하는 동안 그 깨달음을 뼈저리게 느껴왔다. 하지만 그런 내 모습이 누군가에게는 열정적인 사람, 사람 볼 줄 아는 사람, 훌륭한 교사의 모습으로 남아 있다는 이야기를 들을 땐 감격스럽지 않을 수 없다.

　대부분의 선생님들이 좋은 이미지로 기억하는 발령 동기 언니가 있었다. 사람들과의 관계가 힘들다는 고민을 털어놓으며 어떻게 하면 사람들에게 미움 받지 않고 언니처럼 두루 잘 지낼 수 있는지 물어보았더니 언니는 나에게 이렇게 말해주었다.

　"어느 집단이든 그 집단의 관행을 깨려는 사람들이 있기 마련이고 그런 사람들은 다른 이들에게 뭇매를 맞게 되지만, 집단의 발전을 위해 꼭 필요한 사람들이야. 난 이제 나이가 많이 들어서 불의에 대해 항변하며 이야기하지 못하고 사회에 순응해 나가지만, 용기 있게 사람들에게 바른 소리를 할 수 있는 네가 부러워. 너무 기죽지 말고 소신껏 행동해. 그렇게 행동해도 정말 너와 가까운 사람들은 진심을 알고 네 곁에 남아줄 거야."

　사실 나도 이제 집단의 분위기나 내 나이에 맞는 행동을 하려고 조금씩 변해가고 있는 것 같다. 이제는 나 혼자가 아닌 학교 전체를 봐야 하는 업무를 하다 보니 개인적인 소신을 강하게 주장하기에는 무리가 되는 상황을 겪기도 했고, 스스로 상처를 받지 않기 위해 급격한 변화를 피해 가려는 경향을 갖게 되는 것 같기도 하다. 어떤 것이 옳은 것인가는 앞으로도 계속 찾아가야 하는 것일 테니 지금까지 그랬듯이 나를 믿어봐야겠다. 그 판단이 심각한 오류를 맞닥뜨렸던 경우는 거의 없었던 것 같으니.

제가 항상 더 잘하고 싶고, 더 열심히 하고 싶고,
더 성장하고 싶은, 그런 마음의
모든 원동력이 되어 주셔서 고맙습니다.
제가 하는 모든 고민들과 제가 넘어지는 모든 순간들이
그저 아무도 모르게 지나가는 시간이 아니라
제가 헤매고 넘어지고 아파하는 모든 순간들조차도
의미 있게 만들어주셔서 고맙습니다.

덕질의 숲

덕질은 연애

덕질은 연애란다. 늘 보고 싶고, 생각하면 미소 짓게 되고, 마음이 아련해지다가도 때론 욱신거리기도 하고, 앞에 서면 설레고 기다려지고… 그래서 입덕 후 매일 연애편지 쓰듯 그렇게 수백 장의 팬레터를 쓰게 되었나 보다.

#1

2020년 그의 생일 깜짝 이벤트였던 '잠시 돌아온 음악의 숲'을 통해 호기심으로 시작했던 음악의 숲 다시 듣기. 그리고 입덕.

2018년 겨우 23살이었던 어린 디제이는 수줍었고, 장난기 가득했으며, 때론 진지했고, 문학적이었다. 어렵게 보냈을 고민 사연에 진심으로 공감하며 사연자를 위로해 주었다. 나도 내 이야기로 위로받고 싶었다. 음악의 숲은 종영했지만 사연을 보내듯이 숲디에게 편지를 썼다. 아주 사소한 이야기들이 가득 담긴 덕심 충만한 편지들을.

가끔은 그렇게 꾸준히 편지를 써서 보내는 것이 의미가 있을까, 그는 과연 내 편지를 읽어줄까 하는 생각을 하곤 했다. 늘 사랑을 가득 담아 보낸다고는 하지만, 나에게는 그렇게 특별한 팬레터가 그에게는 팬들에게 받는 수많은 편지들 중 하나에 지나지 않을 테니. 그 안에 담겨있는 마음이 아무리 특별하다고 해도 열어보지 않으면 알 수 없을 테고, 읽어본다고 해도 어쩌면 다들 똑같은 이야기가 아닐까 싶기도 했다. 그럼에도 지금까지 꾸준히 써서 보낼 수 있었던 건 언젠가는 그 수많은 편지 중에 하나는 정성스레 읽어주지 않을까 하는 기대에서였다. 어떤 편지를 읽게 될지 모르니 항상 마음을 다해 썼던 것 같다. 지금 생각해 보면 중요한 건 그 안에 들어있는 내용이 아니라 내가 꾸준히 편지를 쓰고 있다는 사실이 아닐까 싶다. 내가 계속 편지를 보내고 있다는 사실은 변함이 없으니까. 꼭 내용을 다 읽지 않더라도 내가 이 자리에서 그를 위해 꾸준히 빛나고 있다는 것은 알 수 있을 테니까.

그렇게 편지를 보낸 지 3년이 지났다. 잠시 쉼표를 찍고 돌아오겠다는 숲디는 아직 돌아오지 않았지만 여전히 숲디에게 사연을 보낸다. "숲디~" 하고 다정히 부르며 실시간으로 사연을 보낼 수 있는 날이 오기를 손꼽아 기다리며.

#2

언젠가 '청춘콘썰트'에서 그와 직접 인터뷰를 할 수 있는 '덕후인터뷰' 사연을 모집한 적이 있었다. 그때 난, 내가 '청춘콘썰트'의 덕후인터뷰를 신청할 자격이 있을까 고민하고 또 고민했다. 나는 사람들이 일반적으로 생각하는 '청춘'이 아니었고, 이미 인터뷰가 진행되었던 다른 연예인들의 덕후는 다들 '청춘'이었다. 괜히 신청했다가 혹시나 선정이 되면 그의 이미지에 안 좋은 영향을 끼치는 게 아닐까 걱정이 되었다. 하지만 마음과 열정만은 누구보다 '청춘'이라고 자신 있게 말할 수 있었다. 그저 순수하게 누군가를 좋아하고, 그 사람의 행복을 진심으로 바라는 팬심을 가진 사람이라면 누구든 '청춘'이지 않을까. 물론 뽑히지는 않았지만 용기를 내어 사연을 적었던 그때의 나에게 박수를 보내주고 싶다. 지금도 여전히 청춘이므로, 연애 같은 덕질을 하며 청춘으로서의 삶을 만끽하는 나를 응원하고 싶다. (그를 '오빠'라고 부르지 못하는 모든 누나 팬들 화이팅!)

이런 사람

#1

"여러분들은 어떻게 늙고 싶다는 생각을 해본 적이 있나요? 저는 내가 나를 보듬어 줄 수 있는 사람이었으면 좋겠다, 안쓰러워할 줄 알고, 애틋하게 생각하고, 사랑하고. 내가 항상 틀릴 수도 있다는 걸 잊지 않는 어른이고 싶다는 생각을 합니다. 그렇게 좀 늙고 싶다… 시간이 쌓이고 경험이 쌓이면서 거기에 너무 현혹되지 않았으면 좋겠다는 생각이 많이 들더라고요."

– 정승환, 음악의 숲 (2019.12.26.)

내가 해석한 의미는 이렇다.

"나는 항상 잘하기만 할 수 없는 사람이니까 내가 혹시 실수나 실패를 하더라도 너무 좌절하지 말자. 그때의 나를 너무 자책하며 괴롭히거나 힘들어하지 말자. 내 생각이 다른 사람과 다를 때 언제든 다른 사람의 말을 받아들일 수 있는 자세를 갖자."

시간이 쌓이고 경험이 쌓이면서 거기에 현혹되고 자신이 위치한 자리 때문에 변하는 경우가 얼마나 많던가. 24살의 나이에 그걸 벌써 생각하고 있는 사람이라니. 입덕한 지 얼마 되지 않았을 때도 느꼈지만 그는 이미 내면이 꽉 찬 어른이고, 본인이 바라는 모습으로 나이 들어가고 있었다. 아마 앞으로 30대, 40대가 되면 더 좋은 모습으로 팬들에게 귀감이 되고 더 많은 사람들이 스스로를 사랑할 수 있도록 용기를 주겠지.

#2

2020년 2월 8일 자 영화의 숲. 다른 날의 영화의 숲도 정말 명언들로 가득하지만 이날 건 찐이다. 어쩜 이런 생각을 할 수 있지 싶은 말들이 줄을 선다.

"윤동주 시인의 위로라는 시를 좋아합니다. 영화 속에 등장했던 시 중에는 쉽게 쓰여진 시. 부끄러움에 대한, 윤동주 시가 갖고 있는 개인적인 갈등과 자기 자신과의 투쟁, 그 속에서 느끼는 부끄러움들을 가장 잘 표현한 시 같아서. (중략) 위로라는 시도 영화 속에서 표현하는 윤동주라는 사람과 맞닿아 있다는 생각이 들었어요. 소극적으로 비춰질 수도 있지만 자신이 할 수 있는 범주 안에서 최선을 다해 무언가를 해내는, 그런 것들이 자신의 한계를 뛰어넘은 것이 아닐까. 자신과의 끝없는 싸움에서 수없이 지지만 계속해서 싸워나가는 그런 사람의 모습이 표현을 빌리자면 '살아있는 영혼'이구나. 시인께서는 계속 자신이 부끄럽다고 하는데 그걸 보고 있는 제 자신이 얼마나 부끄러운지…"

– 정승환, 음악의 숲 (2020.2.28.)

나도 영화 동주를 보며 눈물을 흘리기도 했고 나 자신에게 부끄러움을 느끼기도 했지만, '자신과의 싸움에서 수없이 지지만 계속해서 싸워나가는' 사람의 모습을 포착해 내지는 못했다. 5년 전의 자신에게는 지금처럼만 하라고 당당하게 이야기하면서도(음악의 숲에서 '5년 전의 나에게 해주고 싶은 말'에 대해 얘기할 때 '잘하고 있어. 지금처럼만 하자.'라고 했었다) 현재 자신의 모습에 부끄러워하며 자신이 할 수 있는 범주 안에서 최선을 다하는 사람. 그래서 그는 자신을 사랑할 줄 알고, 자신을 사랑해 주는 사람들에게 당신은 소중한 사람이라고 이야기해 줄줄 안다. 팬이라는 존재를 어색해하던 그는 이제 팬들을 사랑하는 마음을 표현하는 방법도 조금씩 알아가는 것 같다.

#3

"사실 데뷔하고 막 정신없을 때는 모든 게 낯설고, 팬이라는 존재에 대해서 '왜 나를 좋아하지?' 이런 의구심이 들 수도 있잖아요. 근데 오래도록 꾸준하게 저를 사랑해 주시는 분들을 보면서, 왜 나한테 이유가 필요하지? 라는 생각이 들더라고요. 시간이 쌓인다는 것 자체에 대한 고마움들이 생겨서. 늘 보던 얼굴들, 함께하진 못해도 언제나 계신 자리에서 응원해 주시는 분들, 그리고 이제 새로 저를 알아가시는 분들도 '아, 정말 고마운 사람들이구나.'를 진심으로 느끼고 있어요. 그래서 이 사람들을 위해서 많은 것들을 해야겠다는 생각이 요즘 부쩍 들어요. 왜 고맙고, 왜 좋은지 확실하게 알지 못했던 감정들을 적어도 전보다는 좀 더 알게 된 것 같아서, 그래서 더 미안해요. 좀 늦은 것 같아서…"

— 정승환, 꿈꾸는 라디오 (2021.6.1.)

인기가 많아지면 사랑을 받는 것에 대해 당연하게 생각하기 마련일 텐데 그는 우리에게 진심으로 고마워하고 있었다. 힘든 상황에 있는 사람들에게 희망의 메세지를 전달하는 것도 늘 잊지 않는다. 어쩌면 금방 떠나버리거나 거품처럼 사그라들지도 모를 사람들의 관심이 처음엔 어색하고 부담스러웠을지도 모르겠다. 왜 자신을 좋아하는지에 대한 의문도 갖게 됐을 거고. 진짜 중요한 건 지금 우리가 그를 좋아하고 있다는 사실이고, 지금 우리의 마음이 진심이라는 걸 이제는 인지하고 받아들이게 되었나 보다. 그게 고마워서 마음속에 있던 이야기들을 솔직하고 담담하게 이야기할 수 있었던 게 아닐까.

#4

"내가 요즘에 정말 하고 싶었던 얘기는… 지금 여기에 있는 사람들, 또 여기에 없는 사람들도 나를 좋아해 주고 있고, 그 각자의 시간이 다 다를 거고, 크기도, 깊이도 다를 테지만… 여러 가지 이유로 다른 길을 가게 되거나 아니면 본인의 일상이 바빠서 멀어지는 시간을 갖게 돼도 그것보다 더 중요한 게 뭔지를 알게 된 느낌이랄까. 그냥 나를 좋아해 주고 내가 좋아했던 그 시간이 중요한 거니까. 앞으로도 서로가 이렇게 좋아하는 마음에 집중하면 되는 거니까. 그래서 뭔가 여러분도 애쓰지 않아도 된다는 생각, 그냥 좋아하는 마음 그대로 좋은 시간들, 추억들을 만들면 그게 가장 좋은, 의미 있는, 가장 값진 일이지 않나…"

– 정승환, 보이스온리 (2021.7.3.)

그 마음이 되려 또 고마워서 그날의 보이스온리를 듣고 또 듣는다. 음악의 숲에서 사연에 공감하며 위로의 말을 해줄 때는 인생 3회차 같았던 그였지만, 누군가에게 사랑을 받는 일에는 미숙했던 것 같다. 하지만 지금은 자신이 받은 사랑을 어떻게 돌려줄 수 있을까 고민하는 일에 집중하는 성숙한 마음을 갖게 된 것 같다고 느껴진다.

위로

　"언젠가 내가 생각하는 가장 큰 위로는 공감할 수 있을 때라고 말한 적이 있다. 아마 말하는 사람일 때보다 듣는 사람일 때 더 큰 위로를 얻는다는 말이었을 거다. 혼자만의 긴 시간동안 힘들게 마주보고 겨우 꺼낸 무수한 '나'를, 다시 수많은 타인들 틈에 내려놓는 일은 외로운 일이겠지. 그러나 모르는 발길에 이리저리 치이면서도 문득 누군가에게 그것이 작은 울림이라도 될 때, 말하는 사람은 다시 말할 수 있는 힘을 얻을 거라고 믿고 싶다. 정말 그랬으면 좋겠다. 반면 듣는 사람일 때는 그런 나를 꼭꼭 숨겨놓고 있어도 괜찮다. 따분하고 지루한 이야기들은 무심히 흘려보내도 되고, 창피해서, 못마땅해서, 무서워서 바깥으로 꺼내지 못하는 나는 그대로 나만 알고 있어도, 혹은 미처 들여다보지 못했던 나는 그대로 못 본채 살아가도 된다. 그 순간만큼은 내 마음에 무책임해도 다 괜찮다. 그러다 예기치못한 누군가의 말 한마디에 나를 모조리 들통나버릴 때도 있지만, 아무도 모르게 혼자 무너지면 그만이다. 그때마다 나 같은 사람이 또 있구나, 하며 조용히 위로받거나 금세 잊어버린 채 살아가도 다 나만 아는 일일 테니. 결국 그 하나하나가 다 나의 모양일 테니. (중략)" - 정승환, 인스타 피드 (2019.9.20.)

그가 디제이를 시작한 지 1년하고도 5개월이나 더 지났을 무렵, 권진아의 '나의 모양'을 듣고 남긴 인스타 피드.

어린 날 그 많은 시들을 쓰던 깊은 감정들은 아마도 무수한 시간 동안 자신을 힘들게 마주 보며 꺼내어 놓은 마음이겠지. 그런 자신을 수많은 타인(대중)들 앞에 선보인다는 것이 쉽지는 않았을 거다. 노래가 좋아서 오디션에 참가했지만 오디션 곡이 오랫동안 차트에서 1위를 하고, 많은 관심을 받는 상황이 낯설었을 거고. 하지만 그렇게 불렀던 노래들이 누군가에게 작은 울림이 된다는 것을 느끼는 순간, 진심을 다해 노래해야겠다고 생각하며 힘을 얻었을 것 같다.

숲디였을 때는 어떤가. 사연을 듣고 이런저런 코멘트를 하기 위해 "저는…"이라는 말로 시작하는 자신의 이야기를 꺼내는 것이 팬들의 입장에서는 너무 즐거운 일이었지만, 그의 입장에서는 자신을 너무 많이 드러내는 것이 아닐까 하는 우려와 걱정으로 다가왔을 것이다. 그래서 말하는 사람일 때보다 듣는 사람일 때가 더 편했을지도 모르겠다. 그럼에도 그가 음숲을 그리워하는 이유는 누군가의 사연을 통해 자신 또한 조용히 위로받거나, 사연에 대한 솔직하고 담담한 자신의 위로가 다른 사람에게 작은 울림이 되었다는 걸 알게 되어서가 아닐까. 자신을 마주 보며 힘들게 꺼내어 준 무수한 그의 모습이, 사연에 정성스레 답해주던 그 작은 위로 하나하나가 우리에게 얼마나 많은 힘이 되어주었는지 느꼈기 때문이 아닐까.

"위로라는 건 너무나도 조심스러운 일인 거 같아요. 저도 위로받고 싶을 때가 있고 누군가에게 위로가 되어주고 싶은 순간들이 있지만, 아무리 누군가를 사랑하고 가까운 사람이라고 해도 우리는 다른 감정을 느끼는 다른 사람이잖아요. 완벽히 누군가를 이해할 수 없기 때문에 위로라는 명목으로 오히려 좀 폭력적인 순간들을 줄 수도 있겠다… 그래서 항상 조심스럽거든요. 진짜 좋은 위로가 뭘까, 그리고 위로받는다고 느껴질 때가 언제일까라고 생각했을 때 어떤 섣부른 말보다도 그냥 나를 지켜봐주는 것. 내가 눈물이 나면 그냥 울게 내버려두고, 우는 게 지쳐서 잠깐 멈춰서 이렇게 보면 거기 계속 있는 사람들 있잖아요. 그런 사람들한테 가장 큰 위로를 받는 거 같다는 생각이 들었습니다."

– 정승환, 음악의 숲 (2020.4.20.)

변함없이 거기 있어주는 별처럼 그 자리에 있어주는 사람들에게 위로를 받는다는 그. 그래서 그가 쓴 가사에는 유독 곁에 있어주겠다는 이야기가 많다. (별, 언제라도 어디에서라도, 너의 내일로부터, I will 등등…)

"아주 멀리 있어도

사라지지 않는 저 별처럼

너를 혼자 두지 않을게

네가 나에게 그랬듯이

그 모습 그대로

날 위해 빛나줘 넌

나에게 별이니까

아파도 좋은 이름이니까

함께 혼자인 서로에게

서로가 유일한 별이니까

그러니 지금처럼 거기에 있어줘

널 놓지 말아줘"

— 정승환, 별 (2021)

처음으로 콘서트 버전의 미공개 자작곡 '별'을 들었을 때 어떻게 이런 가사를 쓸 수 있을까 감탄을 금치 못했다. 한편으로는 그 깊은 마음 한구석에 있을 여러 가지 생각들에 마음이 아렸다. 가사 한 줄 한 줄이 다 주옥같았지만 제일 깊이 공감했던 가사는 '너조차 너에게 손 내밀 수 없을 때 내가 널 비출게'라는 부분이었다. 하루를 살아내는 게 너무 버겁게만 느껴졌던 그 시기에 난 존재에 대한 신념을 거의 잃은 상태였다. 상처를 주는 사람에게서 도망치느라 외로웠고, 걱정해 주는 사람에게 걱정을 끼치는 게 미안해서 점점 더 어두운 곳으로 숨기 바빴다. 나를 위로해 주어야 할 가장 가까운 '나'라는 존재가 스스로를 구석으로 몰아가고 있었다. 그 어디에도 손 내밀 곳이 없었다.

"힘들어도 괜찮고, 가끔 넘어져도 괜찮고, 실수해도 괜찮고… 적어도 나에게만큼은 조금 너그러울 수 있는, 내가 힘든 건 적어도 나는 알아줘야 되지 않을까. (중략) 혹시 나(스스로)를 미워하고 있는 사람이 있다면 누군가는 분명히 본인도 모르게 별처럼 (여러분을) 바라보고 있을 테니까. 그리고 여러분이 거기에 있어 주길 바라는 사람이 분명히 있을 거니까. 거기에 있어 달라고, 널 놓지 말라고. 그런 마음을 전하고 싶었습니다."

– 정승환, 2019 안녕 겨울 콘서트 (2019.12.16.)

나 자신조차도 나를 다독여 주지 못할 때 노래로, 따뜻한 말로 나를 놓지 말라고 얘기해 주던 마음이 너무 고마워서 눈물이 났다. 나 자신을 좀 더 사랑해 주자고 다짐했다. 별 싱글 발매를 앞두었던 2021년 12월. 콘서트와 음악의 숲에서 팬들에게만 불러주던 노래가 세상으로 나온다고 하니 뭔가 좋은데 아쉽고 복잡했다. 음원으로 나오길 간절히 바랐는데 왜일까. 나에게만 해주었던 소중한 얘기를 세상 사람들이 다 알아버리는 것 같은 기분이랄까. 이제 세상 사람들이 다 알아버렸으니 자신을 사랑하게 되는 사람들도 더 많아졌으면 좋겠다.

눈물

2021년 단독 콘서트. 서울에서 3일간 공연을 했던 마지막 날, 그는 목에 담이 걸린 상태로 공연을 했다. 지난 이틀과 마찬가지로 춤을 췄고, 모든 노래를 더 완벽하게 소화해냈다. 인터미션이 지난 다음 나타난 그의 상태는 더 심각했다. 고개가 오른쪽으로 30도 정도 기울어진 상태였다. 함성도 떼창도 불가능했던 그때의 우리는 그저 안타까운 마음에 손바닥이 닳도록 박수를 치며 마음속으로 울었다. 중요한 공연에서 빼놓지 않는다는 '보통의 하루'와 '제자리'를 이어서 부르던 그는 결국 눈물을 보였다.

"지난 2년 동안 무대에 서는 일이 귀해지면서 혼자 생각할 시간이 많아지더라고요. 예전 공연 영상들을 찾아보곤 했었는데 무대에선 제가 온몸으로 노래를 부르고 있고, 객석에서는 여러분이 숨죽여서 듣고 있는 그 풍경이 낯설게 다가왔어요. 아무래도 꿈같은 시간들이 꿈처럼 다가와서… 그러다 그리워지더라고요. 결국에는 그게 다 고마운 마음이었던 거 같아요. 지금 제가 뭔가를 바랄 수 있다면 그 행복했던 편안했던 그때의 제자리로 돌아가서 지금은 귀해진 보통의 하루들 보낼 수 있으면, 그거면 정말 충분하겠다는 생각을 많이 했습니다."

– 정승환, 2021 안녕 겨울 콘서트 (2021.12.19.)

노래를 부르기 전에 이렇게 곡 소개를 했던 그는 결국 그리웠던, 꿈같던 시간들이 눈앞에 다시 펼쳐지는 모습에 뭉클했던 것 같다. 조용한 가운데 모두가 그의 노래에 집중하는 풍경을 볼 수 있다는 게 얼마나 감동적이었을까. 공연에 대한 제재가 너무도 많았던 시기를 지나 우여곡절 끝에 2년 만에 열리는 2021년 단독 콘서트를 앞두고 그의 마음이 얼마나 떨리고 설레었을지 '감히' 상상하기 어렵다. 혹시 모를 상황에 몸도 마음도 극도로 긴장해서 마지막 날엔 담까지 걸렸던 걸 텐데. 아픈 와중에도 서울에서의 마지막 날 공연이 무사히 마무리되어 가던 그 시간이 고맙기도 하고 아쉽기도 한, 복잡 미묘한 감정이었을 거란 생각이 든다.

2018년 단독 콘서트에서도 눈물을 보였던 그는 힘들었던 마음을 콘서트에서 펑펑 울며 많이 씻어냈다는 얘기를 음악의 숲에서 한 적이 있었다.

"정말 창피할 정도로 울었는데, 오랜만에 우니까 한편으로는 개운하기도 하더라고요. 항상 괜찮다고 생각하는데 나도 모르는 나의 어떤 부분이 이렇게 고통을 호소하고 있던 걸 수도 있겠다는…"

– 정승환, 음악의 숲 (2018.6.1.)

그는 노래 중간에 눈물이 나도 노래를 끝까지 부르려고 노력한다. 어쩔 땐 복받치는 눈물 때문에 음정이 마구 흔들리기도 하고, 눈물을 잔뜩 쏟고 나서 다시 음정을 가다듬고 완벽하게 노래를 마무리하기도 한다. 그는 알았을까? 어쩌면 숨기고 싶었을 자신의 그런 모습이 다른 누군가에게는 다시 일어설 수 있는 원동력이 될 수도 있다는걸. 그 모습은 내가 무너졌을 때 맘껏 펑펑 울고 다시 힘을 내서 일어날 수 있도록 용기를 주었다. 다시 일어났을 때, 난 더 단단해질 수 있었다.

2021년 그렇게 눈물을 보이고 1년이 지난 2022년 단독 콘서트. 그는 보통의 하루에 이은 제자리를 부르며 또 한 번 울컥했다. 1년 전 노래 중간에 울었던 게 마음에 걸렸던 건지 이번에는 노래를 다 부른 뒤, 돌아서서 눈물을 닦았다. 왜 이 노래들에서 이렇게 울컥하는지 모르겠지만 이런 노래를 계속 부르는 가수이고 싶다는 생각 때문인 것 같다고 했다. 그렇게 자신의 감정에 솔직하고, 그것을 외면하지 않으려 하는 그의 모습을 보며, 우리 또한 자신의 감정을 받아들이고 표현하는 것에 점점 익숙해지는 게 아닐까 싶다.

울고 싶으면 울어도 돼

"마음껏 울어본 적이 언제였을까. 울음이 터질 것 같을 땐 왜 반사적으로 울음을 참게 되는 걸까. 그럼에도 사람들은 왜 항상 울고 있을까. 우는 서로를 마주 보면서. 마주 보고도 외면하면서.

시간이 흐를수록 마음과 다른 말을 하거나 아예 말을 하지 않는 일이 많아졌다. 그때마다 나를 마주했던 사람들은 방금 내가 삼킨 게 무엇이었는진 알지 못해도, 적어도 내가 진심이 아니었다는 것쯤은 알아챘을지 모른다. 그들도 아는 마음일 테니까.

지나가지 못해 남겨졌고, 놓아주지 못해 쌓인 마음들이 매일같이 비좁은 서랍을 채울 뿐. 이따금 서랍 밖으로 삐져나온 마음은 겨우 나만 아는 짧은 울음으로 그치겠지. 참는 게 편하다 해서 아프지 않다는 건 아니니까. 마음은 마음대로 되는 게 아니니까.

비가 오면 비가 오는 것이고 버스가 오면 버스를 타는 것. 마음도 딱 그만큼 단순했다면 좋았을까. 생각하면서도 덜컥 겁을 먹는 마음.

어쩌면, 울고 싶다는 건 이미 울고 있는 것일지도 모른다."

– 정승환, 종로에는 언제나 시가 난다 '내가 사랑한 시 일기' (2022)

사람이 너무 좋아서 마음 가는 대로 좋아하던 때가 있었다. 그게 남자친구든, 학교 후배든, 회사에서 만난 직장동료든 상관없이 그저 좋으면 좋은 대로 마음을 다 퍼주고는 그 마음이 다시 돌아와 주길 기대하고 기다렸다. 나이가 들어갈수록 내가 바라고 생각하는 만큼 사람들은 순수하게 나를 대하지 않는다는 것, 상처받지 않기 위해서 내 마음을 숨길 필요가 있다는 걸 깨닫게 되었다. 조금씩 거짓 얼굴을 하고 마음에 없는 말을 하거나 아예 마음을 꽁꽁 닫아버리는 일이 잦아졌다.

맞벌이 부모님 대신 동생을 챙기며, 부모님께 걱정을 끼쳐드리지 말아야 한다는 강박으로 무슨 일이든 스스로 해결하려고 했던 중고등학교 시절. 그때부터였던 것 같다. 원하는 것이 있어도 기대하거나 주변에 의지하면 안 된다고 생각했다. 그렇게 뭐든 혼자 해결하려고 이리 뛰고 저리 뛰다 보니 주변을 돌아볼 여유가 없었다. 곁에 있던 친구들이 멀어지는 것조차 알지 못하고 앞만 보며 뛰었다. 그러다 언젠가부터 점점 관심과 사랑에 목말라했다. 조금만 나에게 애정을 보이는 사람이 있으면 그 사람에게 사랑을 퍼붓고 그만큼 나도 사랑받기를 원했다. 하지만 어른이 되어 만나게 된 열 명 중 아홉 명은 필요에 의해 만들어진 관계였다. 시간이 흘러도 꾸준히 마음을 나눌 수 있는 사람을 찾기란 하늘의 별 따기였다.

비가 오면 비가 오는 것이고 버스를 타면 버스를 타는 것처럼 마음이 딱 그만큼 단순했다면 상처받지 않고 사랑할 수 있었을까? 오히려 그렇지 않아서 정말 다행이라는 생각이 든다. 마음이란 게 그렇게 단순한 것이었다면, 어쩌면 난 지금만큼 그를 좋아하지 않았을지도 모르겠다. 사람들과의 관계가 너무 힘들고, 마음이라는 게 너무 어려워서 상처받고 힘들었을 때 그 마음을 도닥여 준 목소리가 숲디였으니까.

사람들과 멀어지는 것보다 나 혼자 참는 게 편해서 그렇게 혼자 울음을 삼켰던 날들의 나에게 울고 싶으면 울어도 된다고, 그래도 괜찮다고 얘기해주던 숲디였다. 그 어린 나이의 숲디는 다른 사람에게는 그렇게 말해주면서도 정작 스스로는 그러지 못했던 걸까.

이젠 내가 말해주고 싶다. 마음이 마음대로 되는 게 아니니까 울고 싶은 마음을 외면하지 말라고. 울고 싶을 땐 실컷 울고, 놓아주지 못해 서랍 속에 가득 쌓여있던 마음들을 이제 조금씩 놓아주라고.

- '울고 싶은 마음'을 읽은 그의 마음을 읽고.

홀리, 언홀리?

좋았던 기억은 금세 잊혀지는 경우가 많다. 돌아보면 아주 사소한 기억들이 나를 자주 미소 짓게 했다. 둘째는 통화를 하고 끊기 전에 "사랑해~"하고 말하는 습관이 있다. 어렸을 때부터 애교라고는 눈 씻고도 찾아보기 어려웠던 내가 "엄마도 사랑해"라고 대답해준다는 건 하늘의 별 따기. 그저 "응"하고 대답하던 내게 아이가 어느 날은 "사랑해~"라고 말한 뒤 3초쯤 후에 "내가 더!"라는 말을 덧붙였다.

"아무 말도 안 했는데 왜 혼자 대답해?"

"내가 혼자서라도 대답하면 엄마가 대답해 준 것 같잖아."

그 뒤로도 전화를 끊을 때마다 '사랑해'와 '내가 더'를 연신 외쳐대는 아이에게 언젠가부터 나도 "내가 더"라고 대답하고 있었다.

아이들 덕분에 겪었던 사소한 경험들 덕분에 행복했던 시간들이 많았던 것 같은데 기록을 해두지 않으니 기억에서

다 휘발되어 버렸다. 기록을 남긴다는 건 좋은 기억을 더 오래 간직하기 위해서 필수적인 작업이다. 지금이라도 팬미팅 후기를 써야만 하는 이유이다.

2023 팬미팅 With me With US가 끝난 지 일주일이 지났다. 입대를 한 달도 안 남기고 열린 팬미팅이었던 만큼 예상대로 둘째 날은 눈물바다가 되었다. 1부에서는 팬들을 향한 감사의 마음을 표현하기 위해 팬들에게 상장을 수여했고, 2부 초반에는 지금까지의 댄스와는 차원이 다른 댄스 커버를 선보였다. 컨디션이 좋지 않았다는 걸 누구도 알아채지 못하게 하려고 무던히 노력했던 것 같다. 팬미팅의 막바지에 불렀던 'I will'에서 떼창 부분이 아닌 구간까지 하나 되어 부르던 팬들의 목소리를 들은 그의 표정에는 환희가 가득했지만 점점 고조되던 떼창 부분에서 참고 참았던 울음을 터뜨렸다. 평소 I will을 부를 땐 흥을 주체하지 못하고 뛰어다녔는데 예상치 못했던 부분에서 울어버렸던 그의 모습에 다들 적잖이 당황했고 나처럼 같이 울기도 했다. 뒤돌아 한참을 울고 나서 마지막 소절 "Always be on your side"를 부르며 노래를 끝낸 그는 이렇게 말했다.

"저의 목소리가 되어 주셔서 감사합니다."

"하필 이틀 전에 감기에 걸려서 리허설할 때는 목소리가 아예 안 나왔어요. 아픈 게 핑계가 될 수 없다는 걸 너무 잘 알기 때문에 실수를 하게 되면 그건 내가 부족한 부분이다 라는 생각을 하고 노래를 하고 있는데 여러분들의 함성과 노래를 듣는 순간에 '아, 이 사람들이 나의 목소리가 되어주고 있구나.' 그런 생각을 하다 보니까 굉장히 북받쳐 올랐던 것 같아요. 고맙습니다."

   – 정승환, WITH ME WITH US (2023.6.25.)

   마지막 곡이었던 '너의 내일로부터'를 부를 때도 "괜찮아, 너의 아픔은 너의 탓이 아냐."라고 함께 불러주던 팬들의 목소리를 들으며 또다시 조용히 눈물을 훔치던 그였다. 감동과 눈물범벅이었던 팬미팅이 끝난 후에 여러 가지 기억들이 동시에 머릿속을 꽉 채웠다. 눈물 흘렸던 기억이 너무 강하게 남아있고, 조만간 군대를 보내야 한다는 생각에 오랫동안 슬픔에 빠져있으면 어쩌나 걱정이 되었지만 어쩐지 지금은 다들 슬픔보다는 '언홀리(Unholy)'에 빠져 헤어 나오지 못하고 있었다. "언홀리 그만하는 법 좀 알려주세요." 트위터에는 언홀리 중독 증상을 보이는 팬들의 반응이 끊이질 않았다. 그는 아마도 눈뜨면 언홀리가 자동 재생된다는 팬들의 반응을 예상했는지도 모르겠다. 팬미팅 중에서도 이 시간을 가장 기대했다고 말할 정도였으니까. 그가 언홀리를 통해 우리에게 남겨주려고 한 건 뭐였을까? 어쩌면 우리가 너무 깊은 슬픔에 빠져있게 될까 봐 슬픔보다 훨씬 강력한 기억을 심어주려고 했던 건 아닐까? 그렇다면 언홀리로 우리를 홀리겠다는 그의 작전은 대성공.

"오늘 이 시간이 여러분들께 시간이 조금 더 흘러서 두고두고 꺼내 봤을 때 그때 그랬지 좋았지라고 생각하면서 웃으면서 추억할 수 있는 시간이 되었으면 좋겠습니다. (중략) 제가 항상 더 잘하고 싶고, 더 열심히 하고 싶고, 더 성장하고 싶은 그런 마음의 모든 원동력이 되어 주셔서 고맙습니다. 제가 하는 모든 고민들과 제가 넘어지는 모든 순간들이 그저 아무도 모르게 지나가는 시간이 아니라 제가 헤매고 넘어지고 아파하는 모든 순간들조차도 의미 있게 만들어주셔서 고맙습니다."

- 정승환, WITH ME WITH US (2023.6.25.)

당분간은 눈물 흘리던 모습에 함께 울고 언홀리를 보며 또 홀리는 일을 반복하며 그렇게 그의 빈자리에 조금씩 적응하겠지. 그가 자리를 비운 1년 6개월 동안은 그와 함께했던 많은 기억들을 아끼고 추억하며 조금 더 의미 있게 만들어 봐야겠다.

에필로그 #1

"연기자가 부르는 노래를 좋아합니다."

그가 종종 했던 말이에요. 꾸밈없이 부르는 게 좋다고요.

진심이 담긴 이야기를 하는 노래는 못 이긴다고도 했지요.

최대한 진심을 담아 솔직하게 쓰려고 노력했어요. 따뜻한 진심을 나눌 수 있는 사람들과 그의 디너쇼에서 추억을 나누게 될 그날까지 오래 함께 걸을 수 있기를 소망합니다.

부족하지만 저의 마음을 가득 담은 글을 쓸 수 있도록 많은 영감을 준 그에게 무한한 감사를 전합니다. 딸과 함께하는 덕질 이야기로 컨셉을 잡아 글을 써보라고 큰 줄기를 잡아주시며 출판을 응원해 주신 오은 시인님, 아무런 콘티도 없이 그냥 글만 보내드리고 "삽화 그려주세요~"했는데 마치 그 자리에 있었던 것처럼 생생하게 표현해 주신 천재 그림러 갈맹님, 우여곡절을 함께 겪으면서도 끝까지 운영진에 의리로 남아서 저에게 항상 잘하고 있다고 격려해 주시는 설레임님과 행복하싱님, 언제나 저의 글에 조건 없는 애정을 보내주시는 예린 님께도 감사의 마음을 보냅니다.

무심하게 건네는 저의 마음을 그보다 더 큰 사랑으로 돌려주는 두 딸에게 더 자랑스러운 엄마가 될 수 있도록, 매일 최선을 다해 살아가겠다고 다짐해 봅니다.

내일은 오늘보다 더 많이 사랑할 수 있길.

엄마,

나는 엄마와 같이 승환 오빠의 노래를 들으면 너무 행복해져.

우리 행복한 마음 잃지 말고,

건강하게 오래 함께하자!

엄마 사랑해요.

저의 이야기가 들어있는 책이 생겼다니 너무 좋아요!

저도 엄마가 듣는 노래를 들으면서 승환 오빠의 노래를 좋아하게

됐어요. 승환 오빠의 노래 가사에는 누군가에게 위로가 되는 말이 많

이 들어 있어서 좋아요.

엄마 책을 읽을 때도 많은 위로가 돼요. 엄마의 글을 읽을 때마다

항상 마음이 따뜻해지는 것 같아요.

저희 엄마가 쓴 이야기들 많이 좋아해주세요!

감사합니다.

- 나래

추천사

나조차 나를 사랑하기 어려울 때 마음을 다해 사랑할 수 있도록 빛나는 조연이 되어준 사람이 생긴다면, 우리는 어떤 시선으로 나의 삶을 바라보게 될까.

솔직함이 이토록 따사로운 재능일 수 있음을 그녀의 이야기를 읽으며 느낀다. 두 딸의 엄마로, 수많은 아이들의 교사로, 내 인생의 가장 빛나는 조연의 팬카페 매니저로 살아가는 저자가 복수의 나로 살아가며 느낀 감정을 단수의 나로서 써 내려간다.

마음에 닿는 선율을 사랑하며 읽고 쓰고 사색하는 가운데 진짜 나를 만나는 과정을 짚어나가는 그녀의 이야기에서 우리는 각자의 위로를 얻는다.

이리저리 치이고 서러운 일들을 경험하는 나날들에 들어줄 이는 없고, 들어준대도 일일이 마음을 설명하기 버거울 때 저자가 담은 글 속의 내음이 다정한 위로가 될 수 있길 바란다.

- 예린

편집후기

함께님의 책에 제 그림을 담을 수 있게 되어 기쁘고 행복해요. 저에게 그림 작업을 맡겨주신 함께님께 감사드립니다!

저도 함께님처럼 가수 정승환을 좋아해요. 승환님의 귀여운 순간들을 그려서 SNS에 올리곤 하는데, 함께님이 감사하게도 제 그림을 예쁘게 봐주셨어요. 그러다 종종 이벤트에 필요한 그림들을 부탁하셔서 친해지게 되었어요.

책 삽화를 부탁해 주셔서 정말 감사했어요. 함께님의 글을 읽을 수 있는 것도 좋았고, 제 그림이 들어간 책이 나오는 것도 신기했어요. 제 꿈이 일러스트레이터인데, 처음으로 '일'로써 그림을 그리는 거라 신나고 떨리기도 했지만, 잘 할 수 있을까 걱정되고 긴장도 되었어요. 그래도 함께님이 친절하게 대해주신 덕분에 편안한 마음으로 작업할 수 있었습니다. 제 그림을 존중해 주시고 아껴주시는 게 느껴져서 감동이었어요.

"대단해요", "갈맹님만 믿을게요", "갈맹님 덕분에 밋밋했던 책이 예뻐졌어요!" 같이 따뜻하고 힘이 되는 말들을 계속 해주셔서 즐거운 마음으로 겁내지 않고 작업할 수 있었어요.

저보다 더 제 그림을 예뻐해 주시는 마음들이 제가 앞으로 계속 그림을 그릴 수 있게 해주는 힘이 돼요. 글에서도 보이듯이 함께님은 마음이 참 따뜻하고 소녀 같아요. 앞으로도 이런 예쁜 마음 잃지 않길!

부끄러워서 따로 이야기하진 못했지만 여기에 적어봅니다. 함께님, 앞으로 또 그림이 필요하시면 얼마든지 맡겨주세요. 정말 감사드리고, 어디에 있든 어떤 모습이든 행복하세요!

— 갈맹이

나의 숲에게

숲디.

3년 동안 변함없이

저는 늘 당신을 '숲디'라고 불렀지요.

숲디라는 단어가 참 좋아요.

당신이 숲이라는 단어를 좋아하는 것처럼요.

요즘은 숲디라고 부를 때마다

언제 다시 돌아올지 모를 기다림에 조금은 슬퍼져요.

원래 당신의 자리는 노래를 만들고 부르는 사람이지만

제가 처음으로 사랑했던 당신의 모습은 숲디여서.

시를 읽어주고

영화를 이야기하고

사연에 진심으로 공감해 주던

그 목소리가 너무 좋아서

숲디를 좋아하게 되었어요.

그마저도 다 지나간 후에 알게 되었다는 것이

얼마나 마음 아팠는지요.

누군가를 그리워하는 마음을 종이에 긁어 새기면

글이 된다는 이야기를 읽은 적이 있어요.

예전에는 그리울 때마다 편지를 썼는데

이제는 편지 대신 글을 써요.

편지는 숲디만을 위해 쓰는 것이었다면

요즘 쓰는 건

마음을 나눌 수 있는 다수의 누군가에게 건네는 대화인 것 같아요.

숲디만을 위한 것이 아니라고 서운해하진 않을 거죠?

셀 수없이 많은 시간을 고민했어요.

당신의 말을 듣고 글을 읽으며

조금씩 끄적였던 혼자만의 감상을

감히 에세이라는 이름으로 세상에 내놓아도 될런지를…

썼던 글을 다시 보고.

고치고 또 고치면서

글을 쓴다는 건 다시쓰기의 반복이라는 말을

뼈저리게 체감했지요.

'강'이라는 시를

3년 만에 '일렁'이라는 시로 고쳐 내놓으며

이젠 조금 고개를 끄덕이게 됐다고 했던

그 마음이 무언지.

이제서야 조금이나마 이해할 수 있을 것 같아요.

"명쾌한 말보다는 덜 익은 침묵 쪽으로

진실이 낮은 그림자를 드리우는"

이 표현을 쓰기까지

얼마나 많은 생각과 고민이 있었을까요.

당신을 좋아하게 된 지

이제 겨우 만 3년이 된 제가

그 깊이를 헤아리기는 어렵겠지만

그럼에도 저 또한 얕은 마음은 아니라고

단언할 수 있어요.

글을 쓸 때 편안해진다는 당신의 글들을

더 많이 볼 수 있기를 바라요.

당신의 글을 읽고

그 마음에 한 발짝 더 다가갈 수 있게요.

물론 그 글들이 노래가 되는 것도 환영해요.

늘 곁에 있어주겠다고 노래해 주는 당신이어서

늘 누군가의 위로가 되어주는 사람이어서

진심으로 고마워요.

10년 뒤에도 여전히

변함없이 각자의 자리에 있어 주는 우리이길,

그렇게 오래 함께 걷기를.

숲디에 대한 그리움을 담은 저의 글이

당신에게도 그리움이 되길,

그래서 머지않은 날에

숲디를 다시 만날 수 있기를.

바라고 또 소망합니다.

인용

숲디의 이야기

- 정승환, 음악의 숲 (2018.5.18.)

- 정승환, 음악의 숲 (2018.6.1.)

- 정승환, 음악의 숲 (2019.12.26.)

- 정승환, 음악의 숲 (2020.2.28.)

- 정승환, 음악의 숲 (2020.4.10.)

- 정승환, 음악의 숲 (2020.4.20.)

그의 노래

- 정승환, 보통의 하루 (2018), 작사 박아셀

- 정승환, 눈사람 (2018), 작사 아이유

- 정승환, 고마워하고 있어 (2022), 작사 안신애

그의 말

- 정승환, 2019 안녕 겨울 콘서트 (2019.12.16.)

– 정승환, 꿈꾸는 라디오 (2021.6.1.)

– 정승환, 2021 정승환의 안녕 겨울 : 다시 여기, 우리 Teaser (2021.11.12.)

– 정승환, 2021 안녕 겨울 콘서트 (2021.12.19.)

– 정승환, 청춘콘썰트 마이크임팩트 인터뷰 (2022.2.7.)

– 정승환, 청춘콘썰트 (2022.2.19.)

– 정승환, 2022 안녕 겨울 콘서트 (2022.12.31.)

– 정승환, WITH ME WITH US (2023.6.24.~2023.6.25.)

그의 글

– 정승환, 인스타 피드 (2019.9.20.)

– 정승환, 등 뒤에서 울다 (2020)

– 정승환, 종로에는 언제나 시가 난다 '내가 사랑한 시 일기' (2022)

그 외

– 김소연, 마음사전 (2008)

– 오은, 다독임 (2020)

– 박연준, 쓰는 기분 (2021)

– 이주영, 보고싶다고 (2021)

– 이진이, 나만 괜찮으면 돼 내 인생 (2021)

– 무한도전, 그래 우리 함께 (2013)

같이 걷자, 우리

copyright © 함께

글 함께

그림 갈맹이

발행일 2023년 9월 18일

발행처 인디펍

발행인 민승원

출판등록 2019년 01월 28일 제2019-8호

전자우편 cs@indipeub.kr

대표전화 070-8848-8004

팩스 0333-3444-7982

정가 12,000원

ISBN 979-11-6756348-4 (03810)